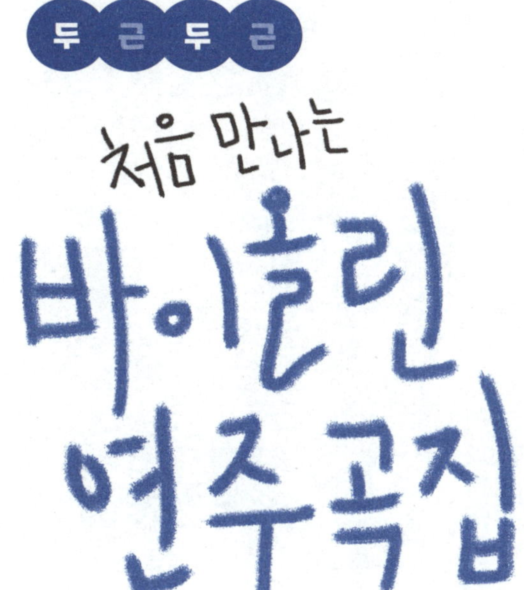

두근두근

처음 만나는

바이올린 연주곡집

선생님과 함께 듀엣 레슨 41곡

1

김연경

성신여대 기악과를 졸업하고 HYCU에서 교육학 석사를 받았다. 이후, 한국과 중국 상하이에서 연주자와 바이올린 교육자로 활동하며, 현재는 아모리스 오케스트라 악장, 서울시 소재 초등학교에 출강하여 바이올린을 가르치고 있다. 바이올린을 통해 "평생 음악교육"의 발판을 마련하고자 노력하고 있다.

이 책의 활용법

초등학생부터 성인에 이르기까지 바이올린에 쉽게 입문할 수 있도록 연습곡을 포함하여 기초곡, 초급곡, 초·중급곡, 중급곡, 중급 이상 곡 으로 난이도 순 정리를 하였습니다. 처음 만나게 되는 기초곡들의 연습을 마치면 초급곡부터는 2중주로 즐겁게 연주할 수 있도록 편곡하여 구성하였습니다.

활용 방법은 학생들끼리 1, 2 바이올린을 나누어 연습하거나, 지도 선생님이 제1바이올린을, 학생이 제2바이올린 파트를 같이 연주하며 지도할 수 있습니다. 곡 별로 연습과 연주를 돕기 위한 자세하고 친절한 "연습 톡톡! Talk Talk!" 해설을 포함하였습니다. 특별히 모범 연주가 필요한 곡은 QR코드를 통해 저자의 연주 영상을 바로 확인할 수 있도록 했습니다.

학교 바이올린 수업, 개인 수업, 학원 또는 1:다수로 수업하는 모든 다양한 곳에서 다양한 연령층이 실용적으로 사용할 수 있습니다.

저자 김연경

차례

중급곡 (2중주)

부록

***Tip! 악기 고를 때 유의사항**

***Tip! 도형으로 악보를 읽는 방법**

중급 이상 곡 (2중주)

바이올린과 활의 구조와 명칭

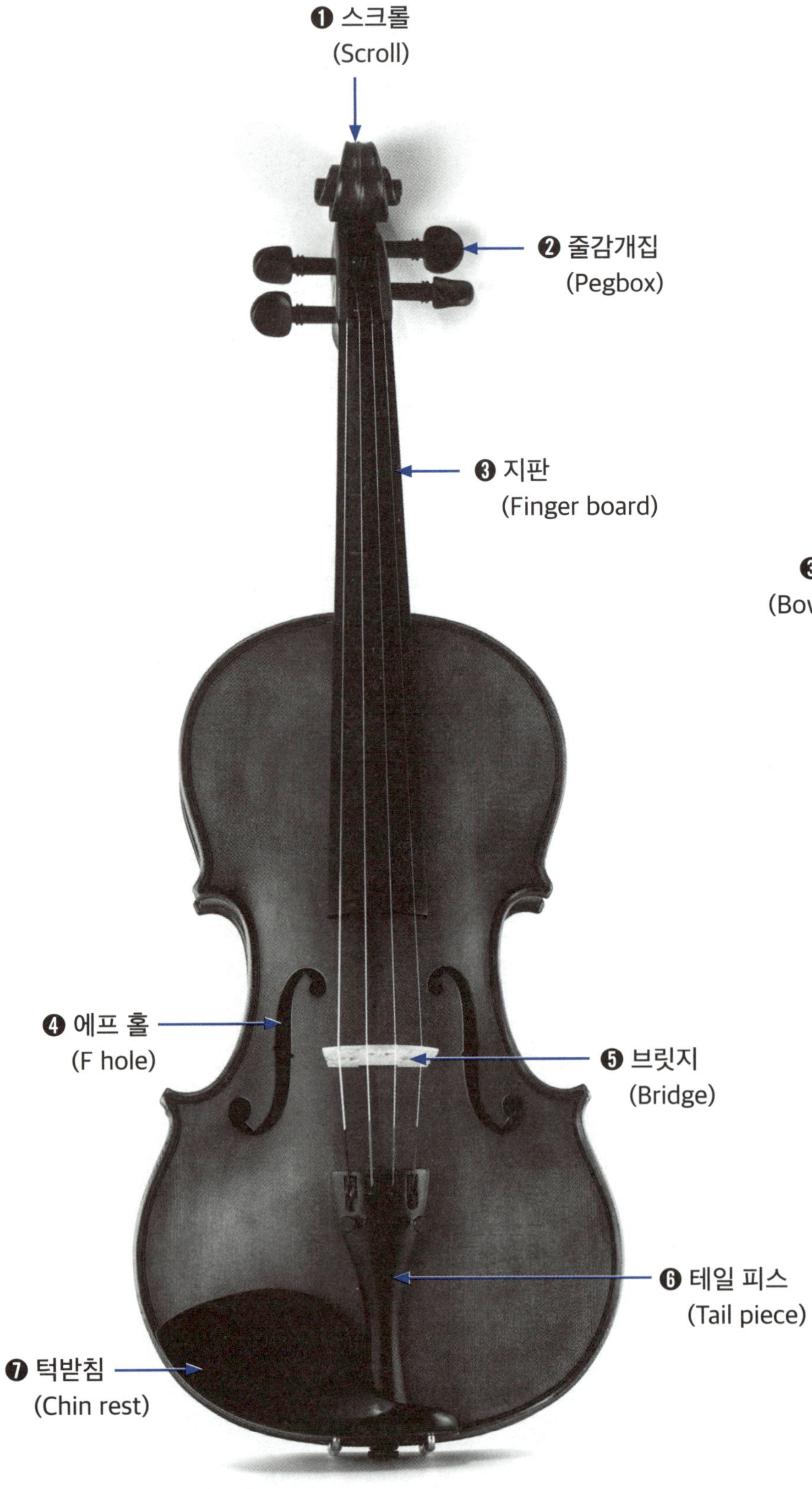

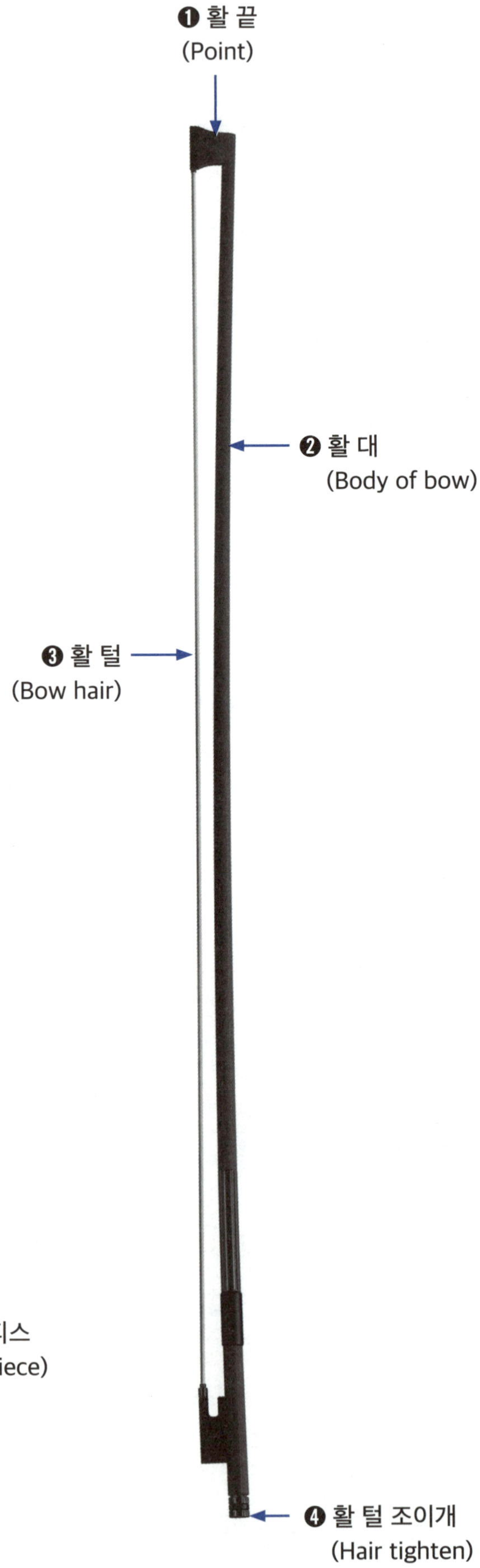

바이올린

① **스크롤(Scroll):** 바이올린의 머리 부분을 가리키는 단어로써 스크롤이란 명칭을 가졌는데 바이올린의 장식품 정도로 생각되기 쉽지만, 과거에는 이 스크롤의 모양을 통해 악기가 어떤 공방에서 제작되었는지를 스크롤에 새겨진 문양이나 독특한 모양을 보고 알 수 있었습니다.

② **줄감개집(Pegbox):** 바이올린 줄의 음정을 조이거나 풀어서 음정을 맞추는 역할을 합니다.

③ **지판(Finger board):** 음정을 눌러서 낼 수 있도록 하는 부분으로, 바이올린 네크(목)부터 브릿지 전까지 길게 이어져 있습니다. 그래서 바이올린의 기초를 시작할 때 지판 위에 음정 표시를 해서 정확한 부분을 짚는 훈련을 하게 됩니다.

④ **에프 홀(F hole):** 알파벳 F처럼 생긴 바이올린의 앞판에 뚫려 있는 울림구멍으로 바로 바이올린의 공명된 소리가 바깥으로 나오게 해 주는 역할입니다.

⑤ **브릿지(Bridge):** 현의 진동을 앞판으로 전달하는 역할로써 브릿지의 높이와 모양은 매우 중요한데, 브릿지 높이가 너무 높으면 바이올린 줄을 편안히 짚기가 어렵습니다. 브릿지가 항상 바르게 서 있는지 확인이 필요하며 균형 잡힌 모양을 유지하는 것이 좋습니다.

⑥ **테일 피스(Tale piece):** 현을 잡아당겨 주는 역할을 하지만 소리에도 영향을 줄 수 있는 부품입니다.

⑦ **턱 받침(Chin rest):** 적당한 홈이 파여 있는 것이 몸의 자세를 잡는 데 좋습니다. 턱뼈에 닿아 이질감이 들 때는 부드러운 손수건을 받쳐 주는 것이 좋습니다.

활

① **활 끝(Point):** 활의 가장 머리 부분

② **활 대(Body of bow):** 활의 가장 중요 몸 부분

③ **활 털(Bow hair):** 바이올린 현 직접 마찰 되는 부분

④ **활 털 조이개(Hair tighten):** 활 털을 풀어주고 조여서 팽팽하게 만드는 부분

바이올린의 손가락 번호

바이올린의 손가락 번호는 아래의 그림과 같이 엄지가 0번으로 시작합니다.

피아노와 손가락 번호가 혼동되는 경우가 있으므로 기초 연습할 때 손가락 번호를 충분히 익히

는 것이 중요합니다.

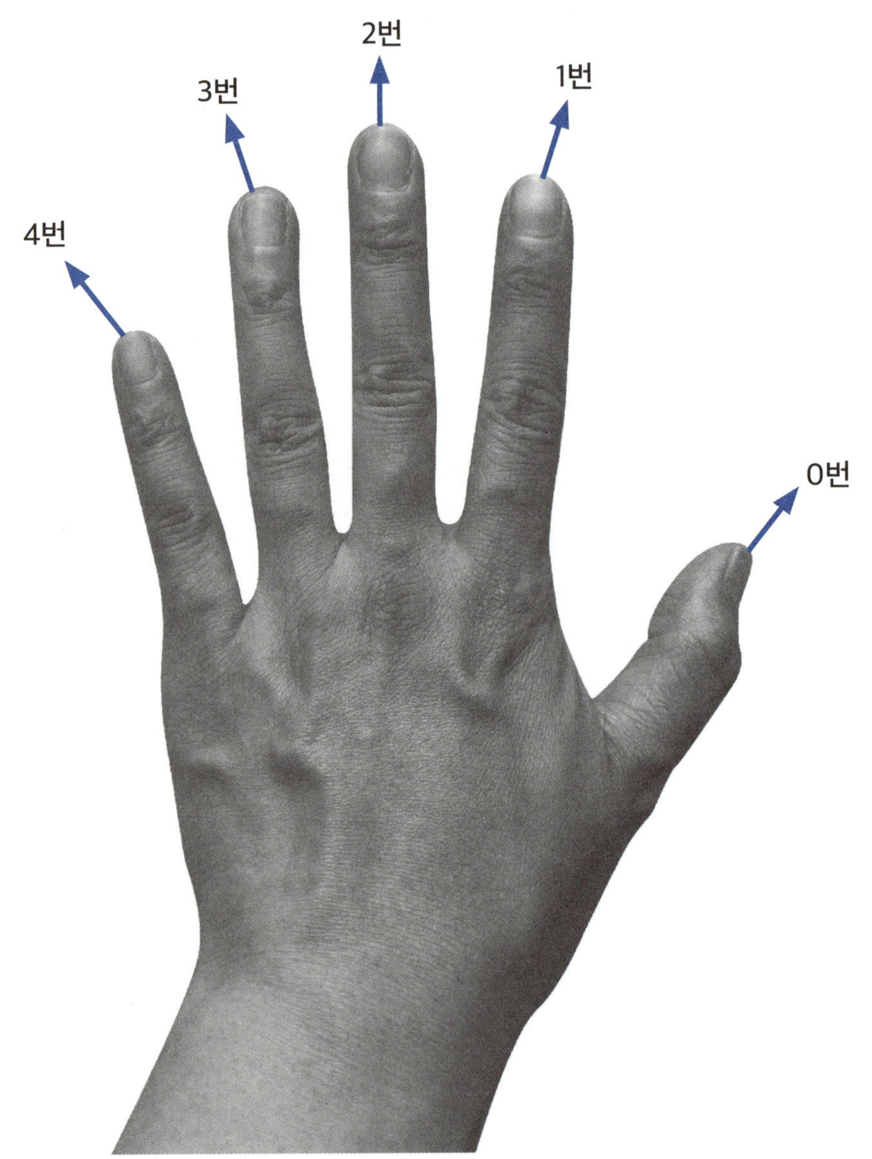

바이올린의 기본적인 활 테크닉과 활의 방향

활 연습을 할 때는 지나치게 활을 반듯하게 켜야 한다는 생각을 주의해야 합니다. 물론 반듯한 활 연습은 매우 중요하지만, 너무 반듯한 직선으로 켜야 한다는 생각이 오히려 활의 각도를 흐트러지게 할 수 있습니다. 활 자체가 꽤 무게가 있고 바이올린의 활의 길이가 다른 현악기들보다 조금 더 길어서 지나친 직선 활쓰기를 고집하면, 본능적으로 어깨나 팔목 활을 쥐고 있는 손가락에 매우 힘이 들어가서 오히려 거친 소리가 날 수 있고 제대로 된 활 사용의 기초를 연습하기는 어렵습니다. 처음에는 바로 활로 연습하기보다는 무게가 거의 나가지 않는 펜이나 연필로 먼저 활 잡는 손 모양을 익히고 그다음 활 연습을 하고, 긴 박자를 켜는 연습보다는 가볍게 1박자나 2박자 정도의 음표로 켜기 연습을 하여 충분한 워밍업이 되도록 합니다.

기본적인 활법 4가지+피치카토 주법

① **레가토 주법**: 가장 기본적인 활쓰기의 주법으로써 활의 소리가 끊어지지 않고 잘 연결되도록 하는 주법입니다.

② **스타카토 주법**: 소리가 경쾌하고 일정한 길이로 끊어지도록 하는 주법으로써 여리게 끊는 것부터 강하게 끊는 주법까지 곡의 성격에 따라 잘 사용하면 효과적입니다.

③ **슬러 주법**: 활을 나누지 않고 한번 활을 켤 때 2~4개 이상의 음정을 한 활로 연결하는 주법으로써 부드럽고 따뜻한 음색을 만듭니다.

④ **스피카토 주법**: 활의 탄력을 이용하는 주법으로써 활 털과 활 대의 탄력성을 이용하는 주법인데 활을 쥔 손가락을 조금 느슨하게 하여 가볍게 활이 튀어 오르도록 어깨의 힘을 최대한 부드럽게 연주하는 주법입니다. 매우 빠른 속도로 연주하는 곡들에 주로 사용됩니다.

⑤ **피치카토 주법**: 활을 이용하지 않고 손가락으로 줄을 튕기는 주법입니다. 손가락 끝으로 살짝 꼬집듯이 혹은 잡아당기듯이 튕겨냅니다. 기본적인 오른손 피치카토와 조금 난이도가 높은 왼손 피치카토가 있습니다.

---

* **내림활**: 활의 시작 방향이 위 방향에서 아래 방향을 향해 내리면서 켜는 주법입니다.

* **올림활**: 활을 시작 방향이 아래 방향에서 위 방향을 향해 올리면서 켜는 주법입니다.

음표와 쉼표

음표	이름	길이	쉼표	이름
♪	16분음표	$\frac{1}{4}$박		16분쉼표
♪	8분음표	$\frac{1}{2}$박		8분쉼표
♩	4분음표	1박자		4분쉼표
♩	2분음표	2박자		2분쉼표
♩.	점2분음표	3박자		점2분쉼표
o	온음표	4박자		온쉼표

음표와 쉼표는 연주를 정확하게 하기 위한 약속 기호이기 때문에 신호등처럼 잘 지켜야 합니다. 음표는, 음의 길이를 나타내는 표로써 바이올린 악보를 볼 때 음표의 역할은 5개의 오선 안에서 어느 선에 위치했는지를 보고 바이올린 4개의 줄 중에서 어떤 위치를 짚을지가 결정됩니다. 쉼표는, 실제 연주할 때 음표보다 더 중요한 경우가 있습니다. 연주를 적절히 멈추는 타이밍을 지키는 것인데 쉼표 길이의 박자를 정확히 세어야 하기 때문에 마치 수학의 연산처럼 잘 계산하는 것이 중요합니다.

바이올린 연주는 박자를 익혀서 음정을 짚고 활로 켜며 짚은 음정도 높낮이를 구별해야 하는 여러 가지 기능이 한 번에 일어나는 동작이기 때문에 기초 연습부터 바이올린 테크닉을 배움과 동시에 음표와 쉼표를 익혀가는 것이 좋습니다.

활이 조금 무거우므로 가벼운 펜이나 연필로 먼저 활 잡는 모양을 잡아 손가락을 어디에 두어야 하는지 연습해 봅니다.

① 펜 이용하기

가볍게 펜을 쥔 상태에서 앞으로 세우거나 눕혀서 감각을 익혀 봅니다.

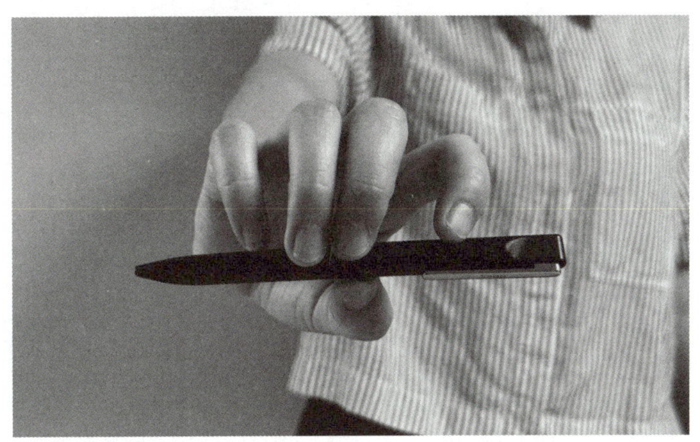

② 활 잡고 90도 회전 운동하기

활의 회전 운동하기는 수업이 계속 진행되어도 여전히 활 잡는 모양을 힘들어하거나 어깨나 손가락에 힘이 많이 들어가는 학생들에게 일정 기간 연습하도록 하면 좋습니다. 처음 활을 쥐는 학생들은 활을 떨어뜨리지 않으려고 주먹으로 활을 쥐거나 손가락 전체를 쭉 뻗어서 잡는 경우도 있는데 음정 짚는 법을 배우기 전까지 최대한 활 잡는 연습에 좋은 습관을 들이도록 합니다.

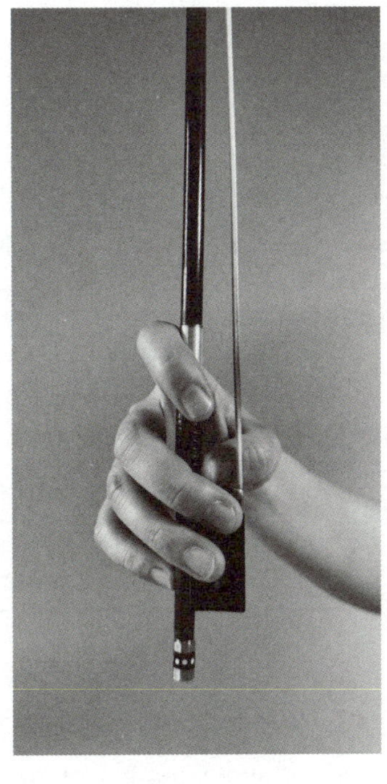
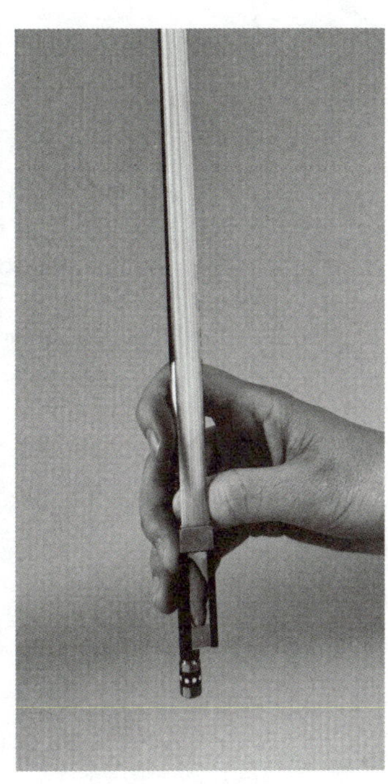

연습곡 1 바이올린 네 줄 켜기

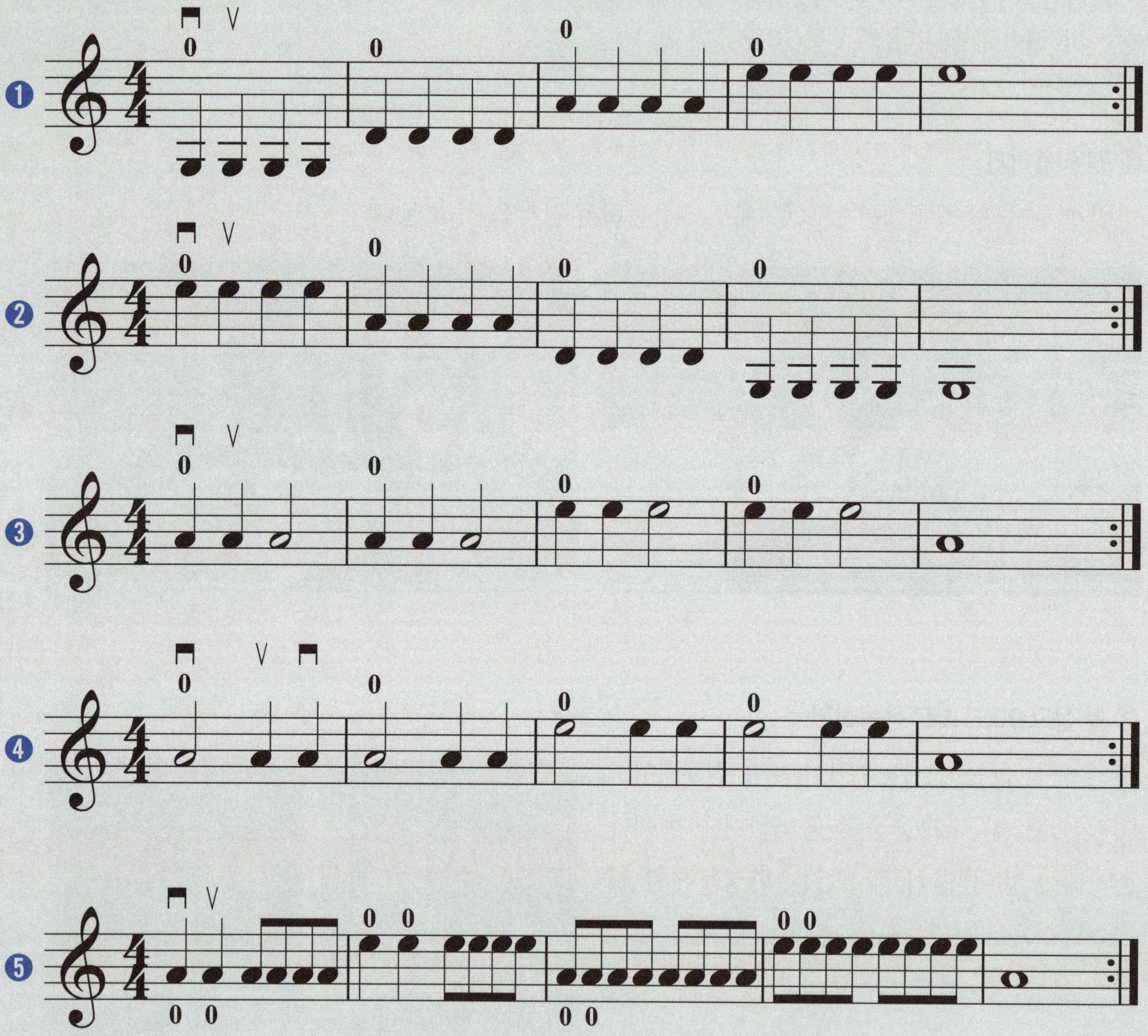

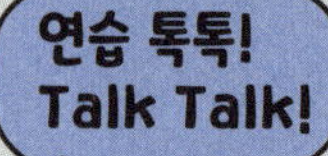

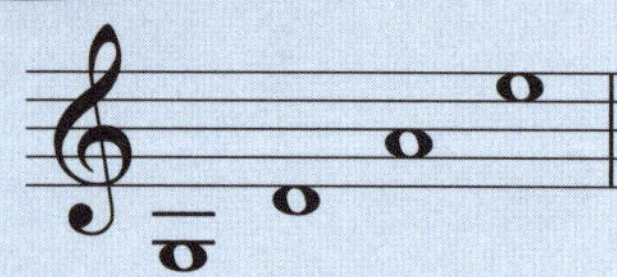

솔, 레, 라, 미 네 줄을 모두 소리 내 봅니다. 연습곡을 여러 번 반복하여 줄과 그 이름을 잘 기억하도록 하고 연습할 때 음정을 소리 내어 학생 본인이 직접 노래하는 것도 같이 좋은 방법입니다. 손가락을 짚지 않는 개방현 켜기 연습은 반복 연습을 많이 할수록 유익합니다. 한 번 연습할 때 3~4회 반복 연습이 적당하고 기억에 남아 네 개의 줄 이름을 익힐 때 도움이 됩니다.

연습곡 II 손가락 짚어 활쓰기

손가락을 짚으면서 활을 동시에 쓰는 첫 연습이기 때문에 활 길이를 너무 길지 않게 개방현을 충분히 연습하고 라 줄과 미 줄에서 1번 손가락 짚기를 연습합니다. 연습 포인트는 라 줄과 미 줄에서 1번 손가락을 짚어보는 연습이므로 활 길이는 짧고 간결하게 연습하고 음정 짚는 것에 집중합니다. 왼손의 손목의 모양이 너무 바깥으로 튀어나오지 않도록 손가락을 잘 세워 짚어 봅니다.

1. 라 줄 비행기

미국 동요

라 줄에서 간단히 연습하는 첫 곡입니다. 먼저 4분음표, 2분음표의 길이를 느끼며 충분히 연습하고 5~6회 가량 반복 연습하여 완전히 익히도록 합니다. 매우 간단해 보이는 기초곡 이지만 활을 켜면서 음정을 짚으면 몸이 긴장되고 거친 소리가 나기 쉽습니다. 기초곡은 음정을 짚기 전에 항상 개방현에서 활 연습을 하여 긴장을 풀고 손가락을 짚는 연습 순서로 곡을 익힙니다.

2. 바둑이 방울

작곡 김규환

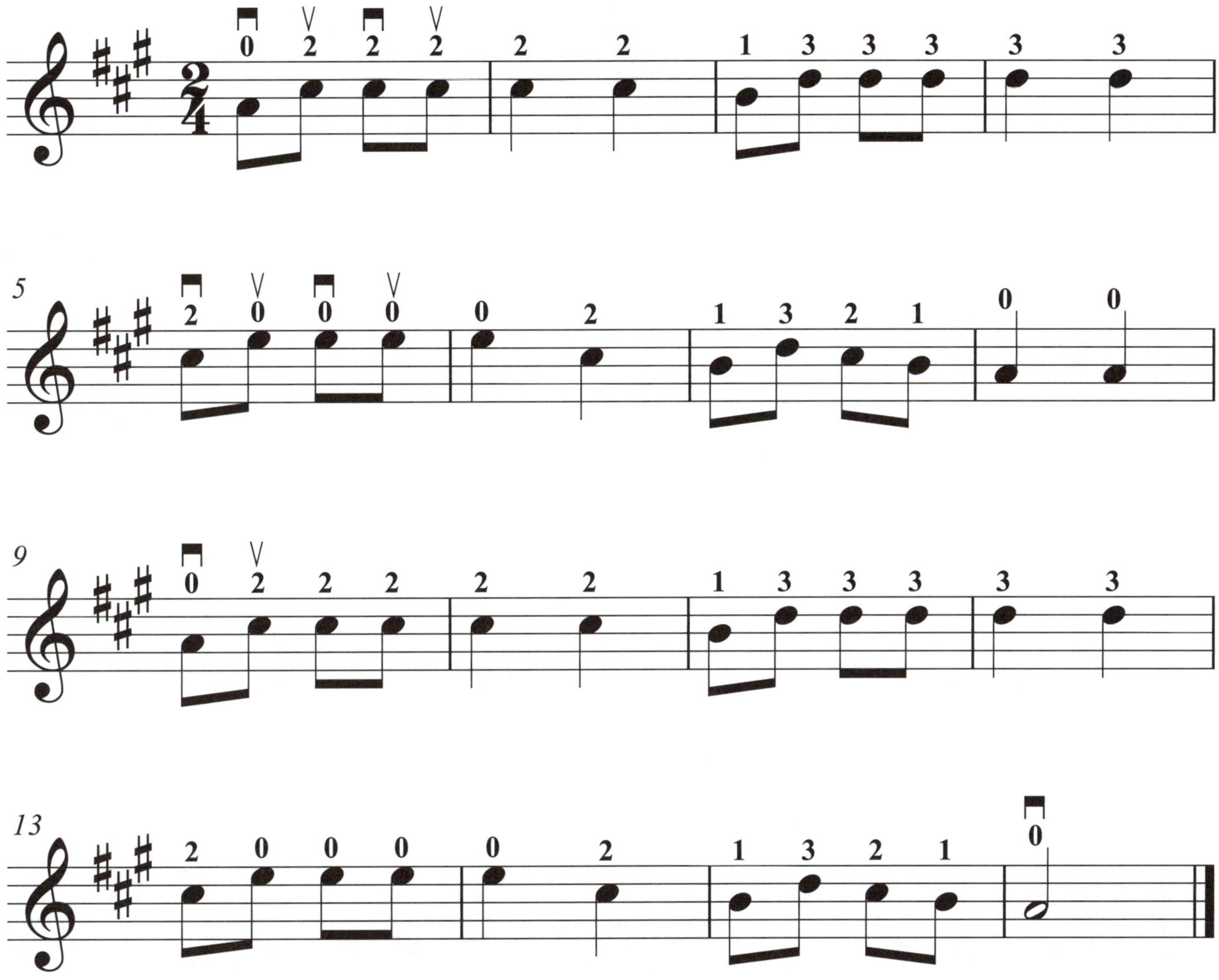

이 곡은 2분음표와 4분음표가 번갈아 가며 나옵니다. 가장 기초적인 8분음표와 4분음표를 함께 연습하기 좋습니다. 8분음표 활을 1, 4분음표 활을 2로 생각하여 1:2 비율의 활을 사용합니다. 먼저 음정을 짚지 않고 개방현 연습으로 8분음표와 4분음표의 길이를 맞추어 연습하고 익숙해지면 음정을 짚고 속도를 약간 빠르게 활기차게 연습합니다. 특히 마지막 마디 2분음표 박자를 활로 꽉 채우는 습관을 갖도록 합니다.

3. 클로버

작곡 김연경

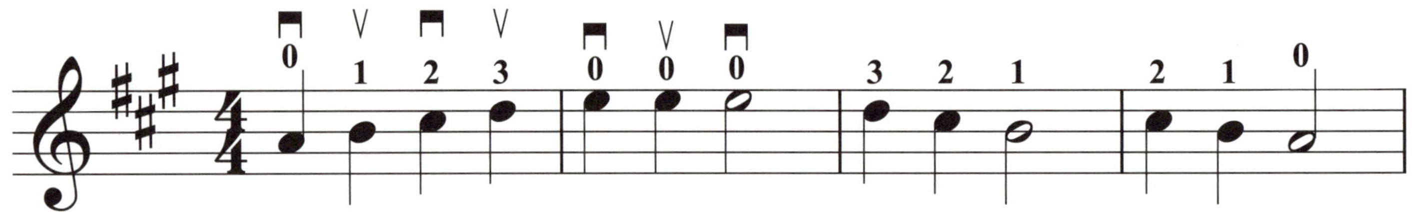

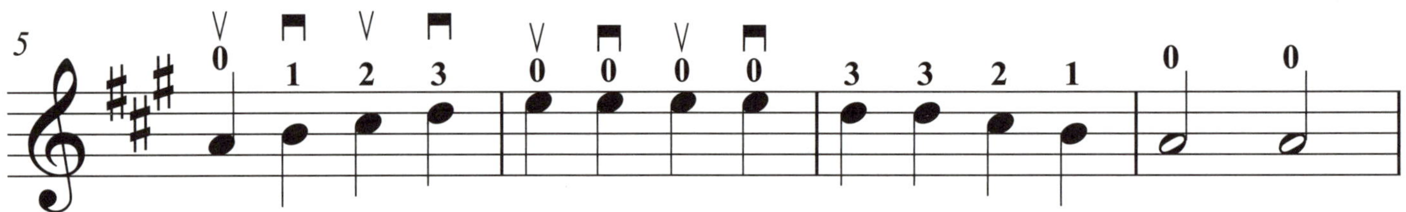

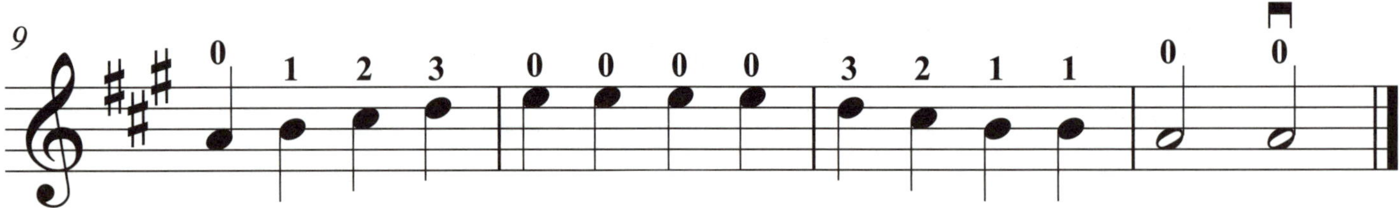

이 곡은 음계 연습처럼 연습하는 것이 좋습니다. 올라가는 음계와 내려오는 음계를 모두 이용하기 때문에 라 줄과 미 줄의 각도를 개방현으로 먼저 연습하고 4마디씩 끊어서 3~4번 이상 음정 연습과 활을 부드럽게 연결하는 연습을 합니다. 미 줄에서 라 줄로 내려가는 것이 중요하므로 2마디에서 3마디, 6마디에서 7마디 연결하는 것이 익숙해지도록 연습합니다.

4. 똑같아요

작곡 윤석중

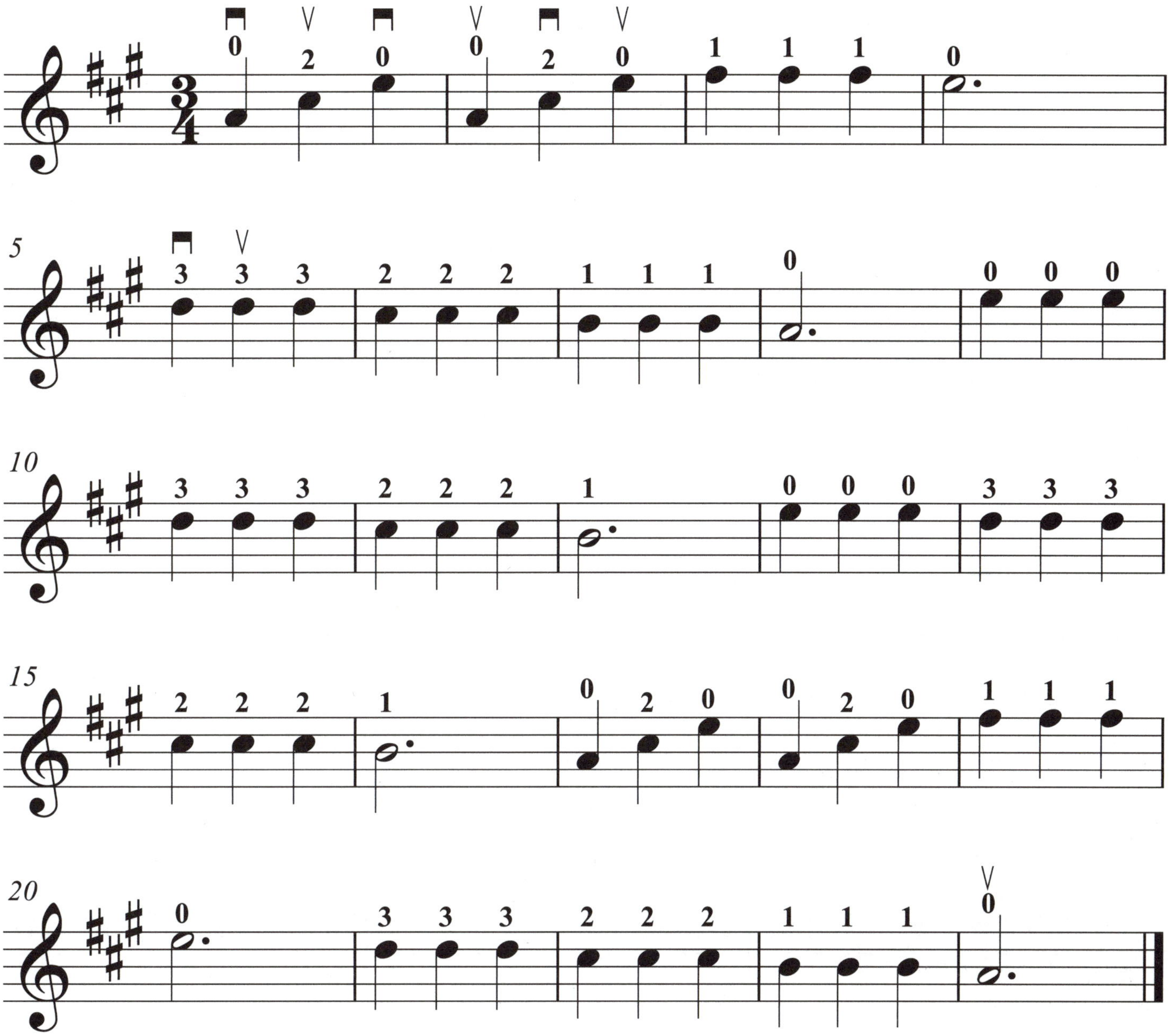

¾ 박자를 이용하는 첫 곡입니다. 항상 연습을 시작할 때 먼저 개방현으로 활 연습을 하여 두 줄이 부딪히지 않는 각도를 연습하고 그다음 음정을 짚으면 훨씬 좋은 연습이 됩니다. 4마디에서 5마디, 8마디에서 9마디로 넘어가는 곳을 집중 연습합니다. 점2분음표의 3박자를 활로 꽉 채우는 연습을 하여 3박자 안에서 연주가 되도록 합니다.

5. 작은 별

프랑스 민요

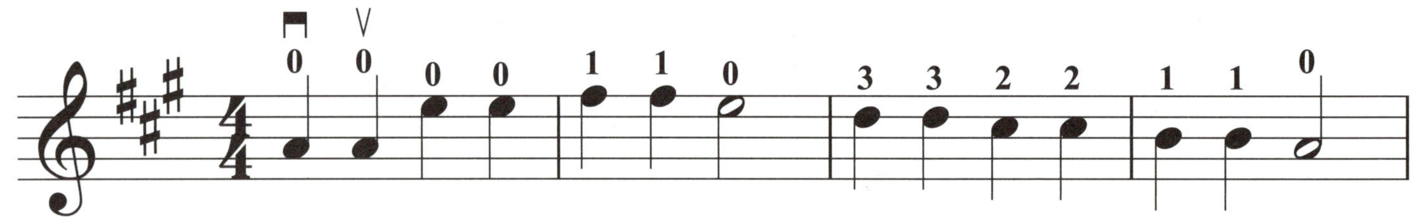

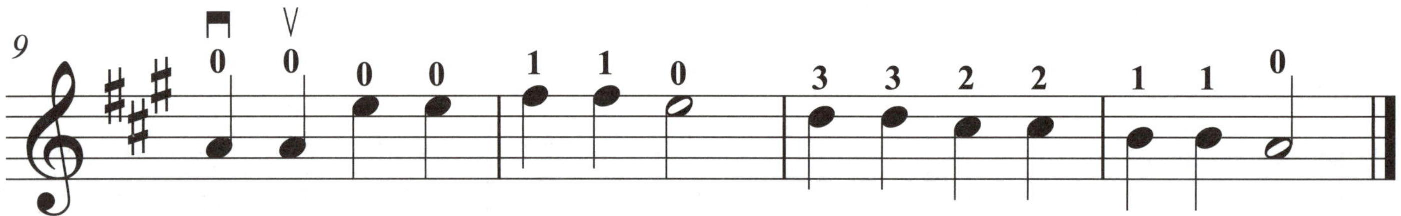

모두에게 익숙한 곡이지만 미 줄에서 라 줄의 음정으로 건너뛰는 부분의 반복 연습이 필요합니다. 특히 3번 손가락으로 내려오는 5마디에서 미 줄과 라 줄의 부딪히지 않는 감각을 연습하기 위해서는 미 줄과 라 줄의 개방현 연습이 필요합니다. 활은 부드러운 레가토 주법을 사용하여 4개로 박자를 쪼개어 활이 부드럽고 충분한 길이로 사용되도록 합니다.

6. 즐거운 노래

작곡 김연경

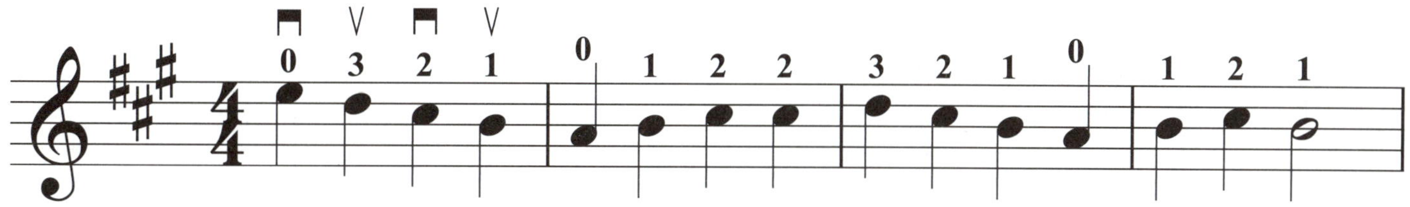

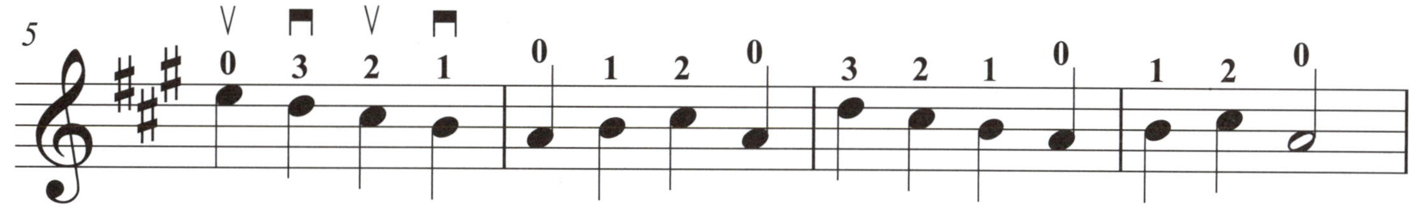

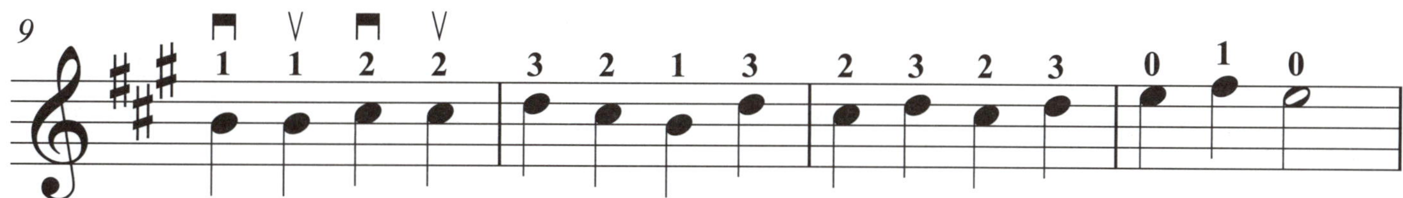

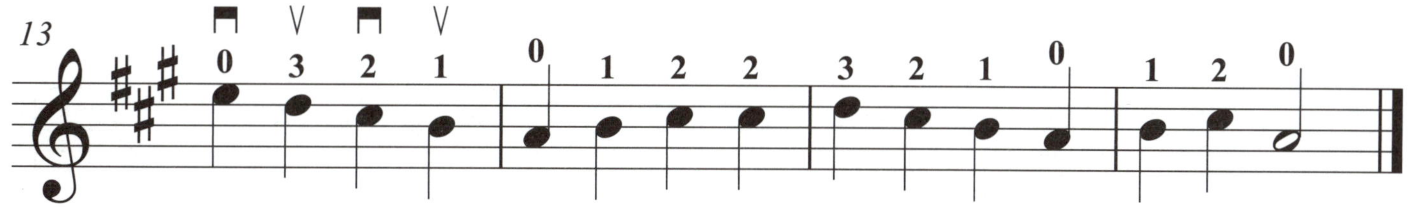

'작은 별'과는 다르게 내려오는 순차적인 음계를 사용했습니다. 내려오는 음계를 짚는 손가락이 미리 준비됐을 때 박자도 음정도 안정되게 연주할 수 있습니다. 4마디씩 끊어서 3~4번 반복을 하면 짚기와 켜기가 훨씬 쉽습니다. 9~12마디까지 반복되는 1번 손가락과 2번 손가락을 잘 살펴서 주의하여 연습합니다.

7. 작은 꽃

작곡 김연경

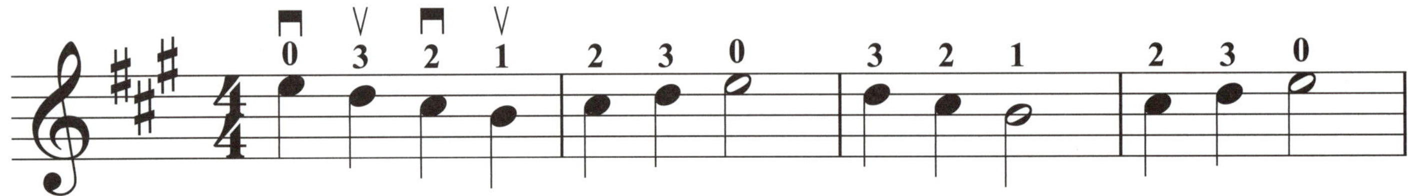

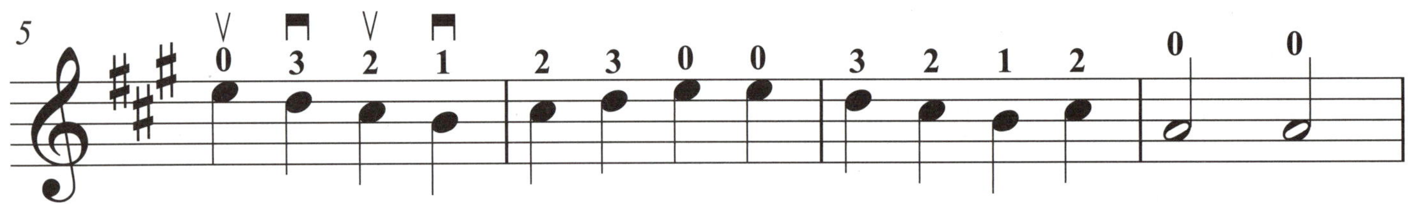

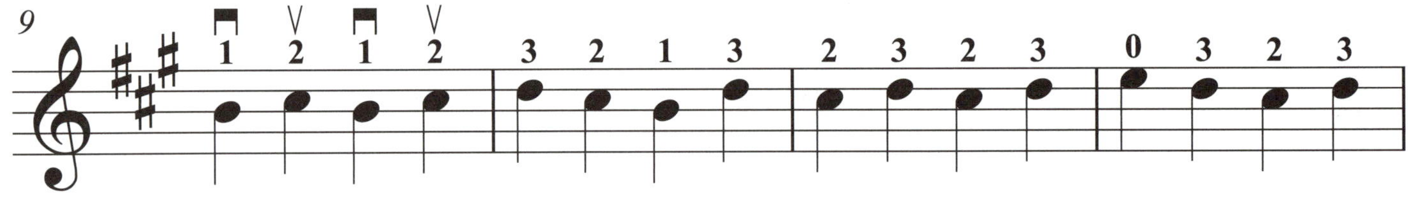

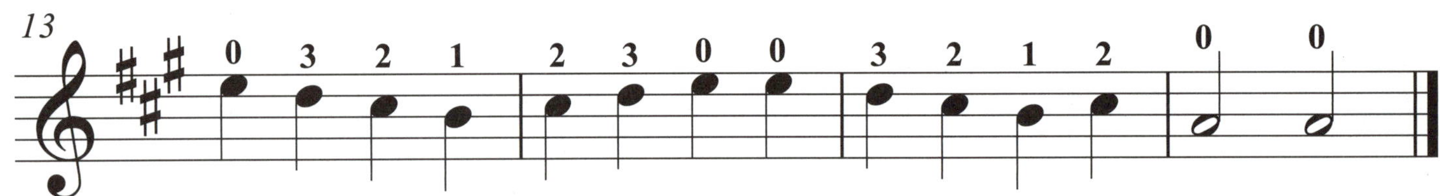

앞서 연습한 즐거운 노래와 비슷한 유형의 곡이지만 작은 꽃 역시 내려오는 음계를 사용하는 곡이면서 동시에 순차적인 음정 짚기가 아니고 음정이 교차하는 부분을 연습합니다. 1~4마디를 집중 연습으로 올라가는 음계와 내려오는 음계가 자연스럽게 잘 연결되도록 합니다.

8. 항해

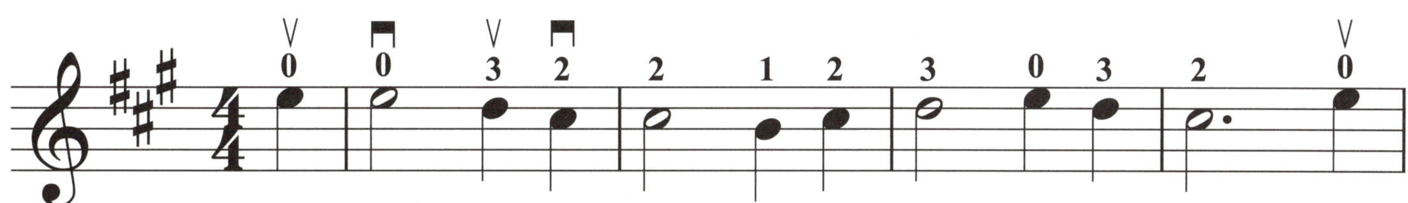

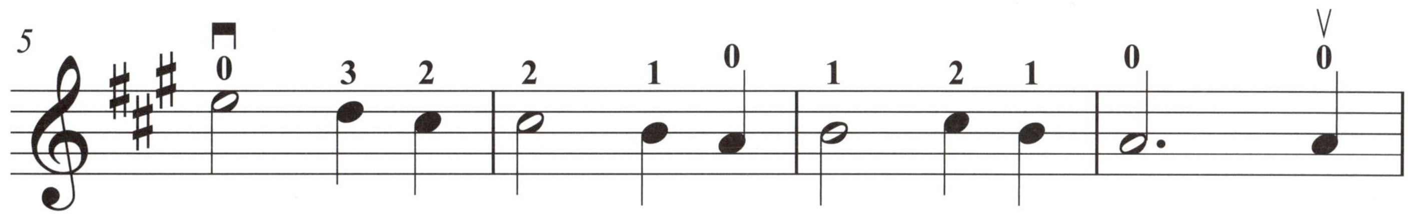

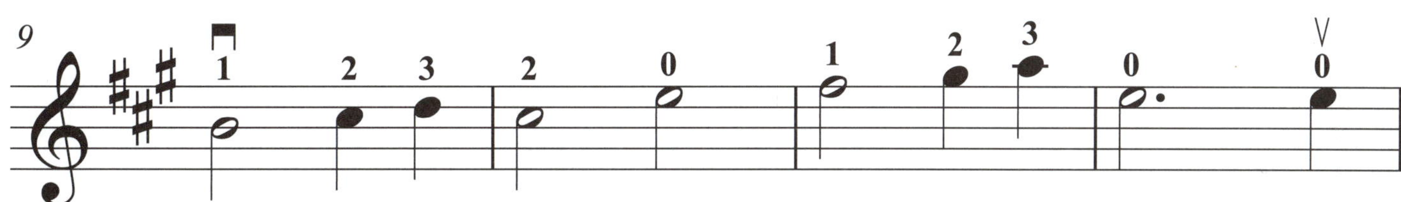

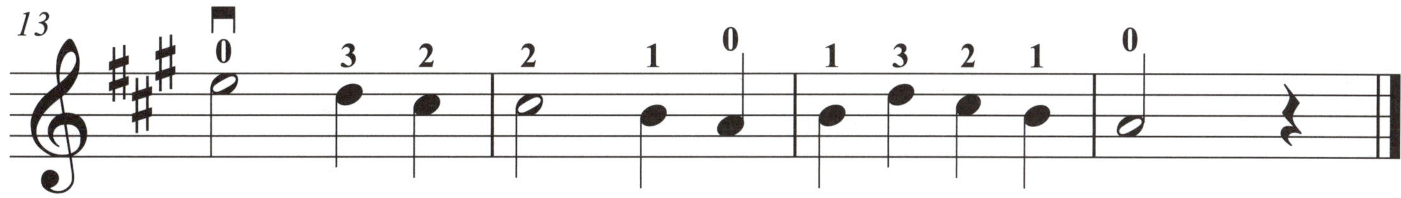

못갖춘마디를 배우는 첫 곡입니다. 특별히 올림활의 방향을 맞추어 첫 음정을 켜 주는 것이 중요합니다. 이후 다양한 곡을 연주할 터인데 활의 올림활, 내림활 방향을 구분하여 연주하는 것은 바이올린 연주에서 중요한 작업입니다.

9. 라미의 노래

작곡 김연경

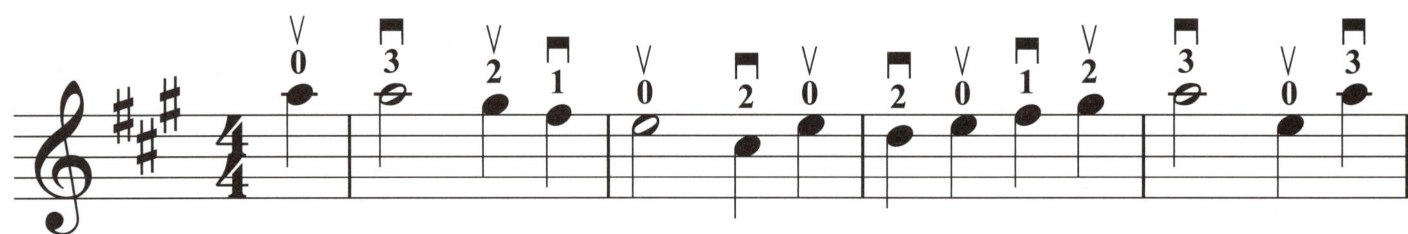

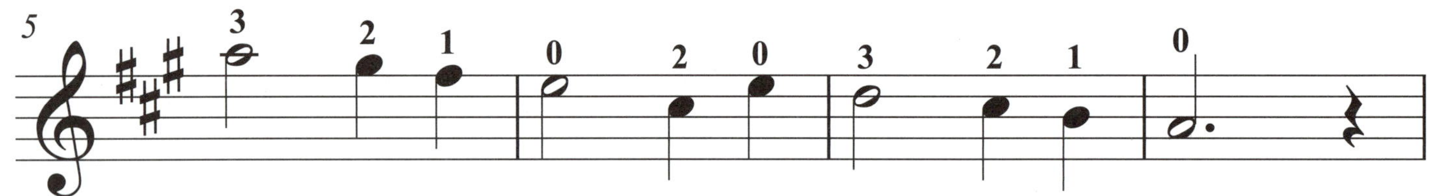

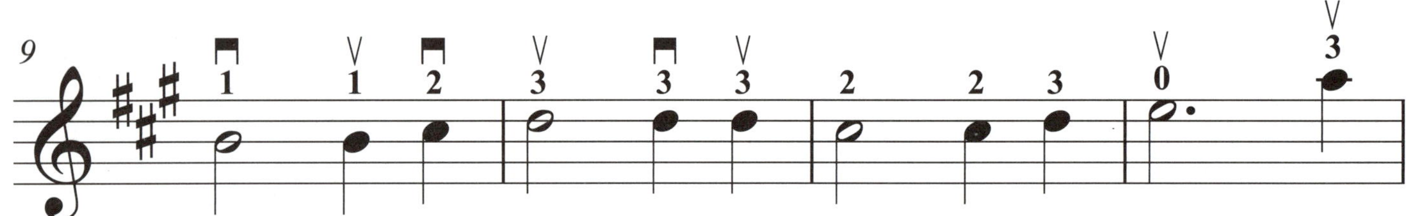

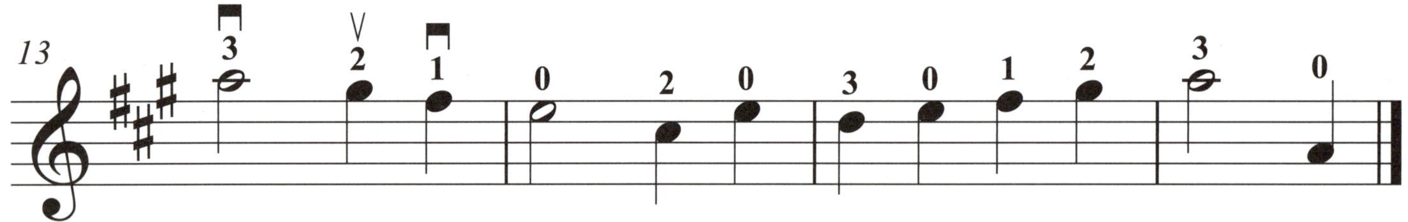

이 곡은 미 줄에서 시작하여 라까지 내려오는 곡으로써 미 줄이 깨끗한 음정으로 연주되도록 개방현 연습을 먼저 하고 이어서 9~12마디까지 잘 연결되도록 연습합니다.

연습 톡톡!
Talk Talk!

이 연습곡에서 가장 주의할 점은 줄을 이동할 때 어깨나 팔꿈치를 부드럽게 하고 활을 긴 박자로 연습해 보는 것입니다. 활을 제한하지 않고 개방현에서 먼저 연습하고 음정 짚기를 해 보는 것이 좋습니다.

10. 사이 좋은 우리들

작곡 김연경

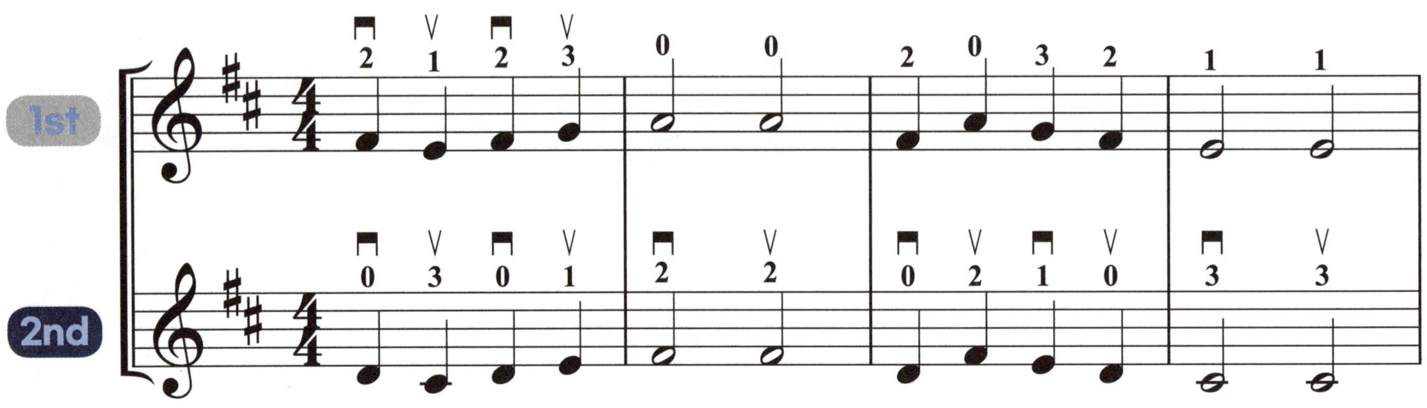

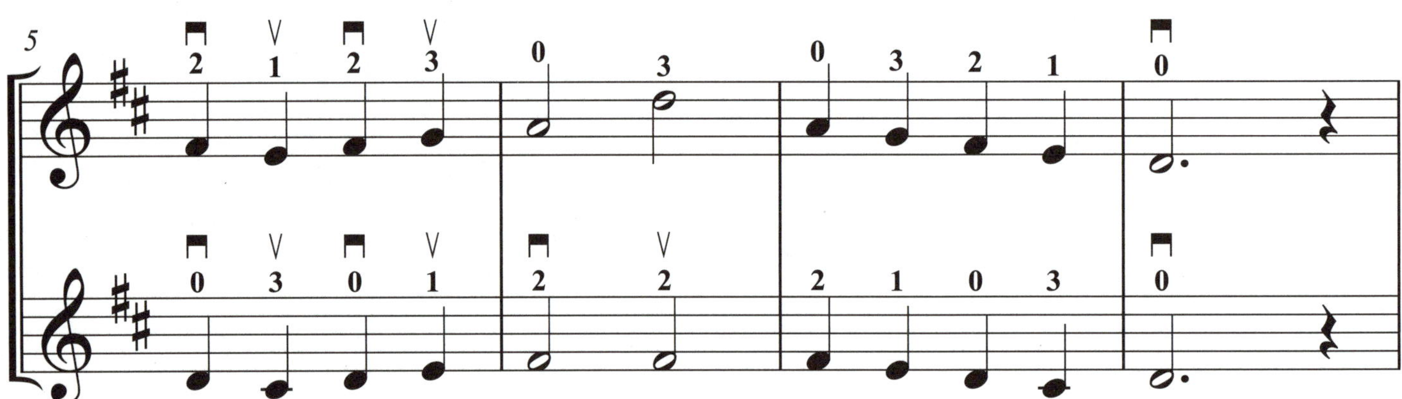

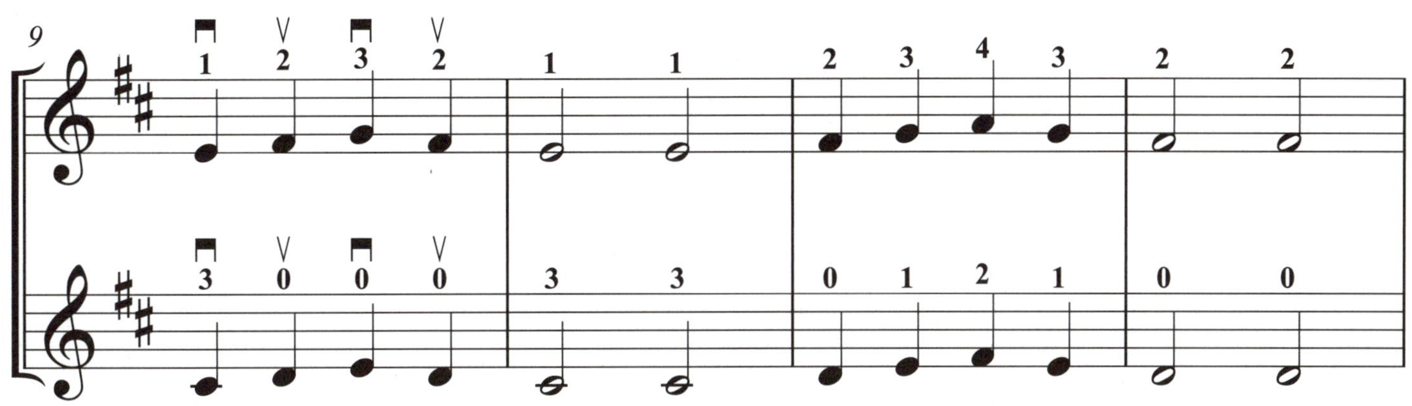

제1바이올린은 레와 라 줄을 켤 때 두 줄의 간격으로 인해 줄이 많이 닿게 됩니다. 두 줄의 각도를 먼저 개방현을 이용해 몇 번 연습하고 악보대로 연습합니다. 제2바이올린에서는 제일 낮은 솔 줄을 이용하기 때문에 먼저 낮은 솔 줄 각도를 개방현으로 연습하고 음정 짚기를 합니다. 라 줄과 레 줄이 거의 평형이 되도록 만들지만 아주 미세하게 두 줄의 각도를 조정하여야 두 줄이 불필요한 마찰을 일으키지 않습니다.

11. Andrew mine, Jasper mine

모라비안 캐롤

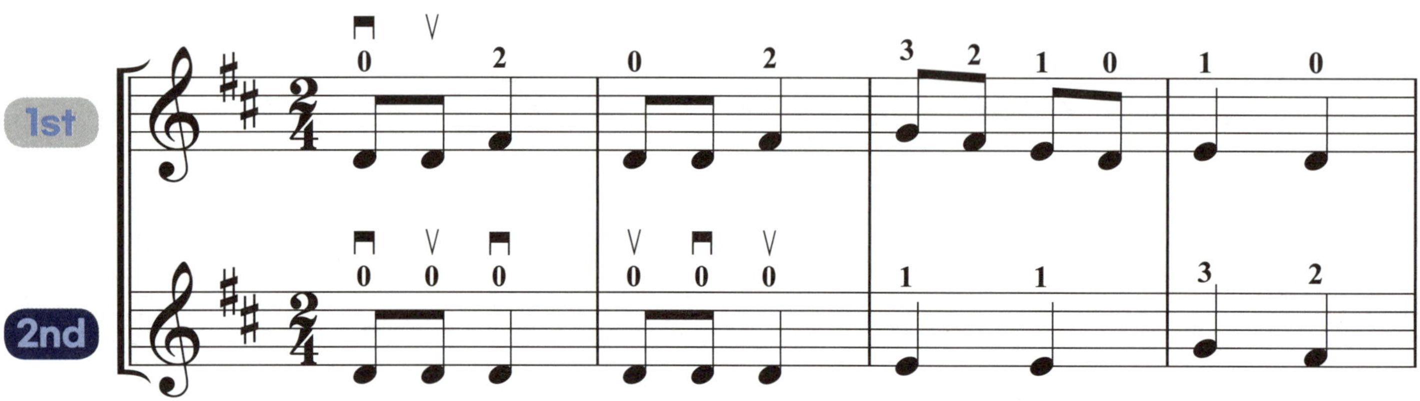

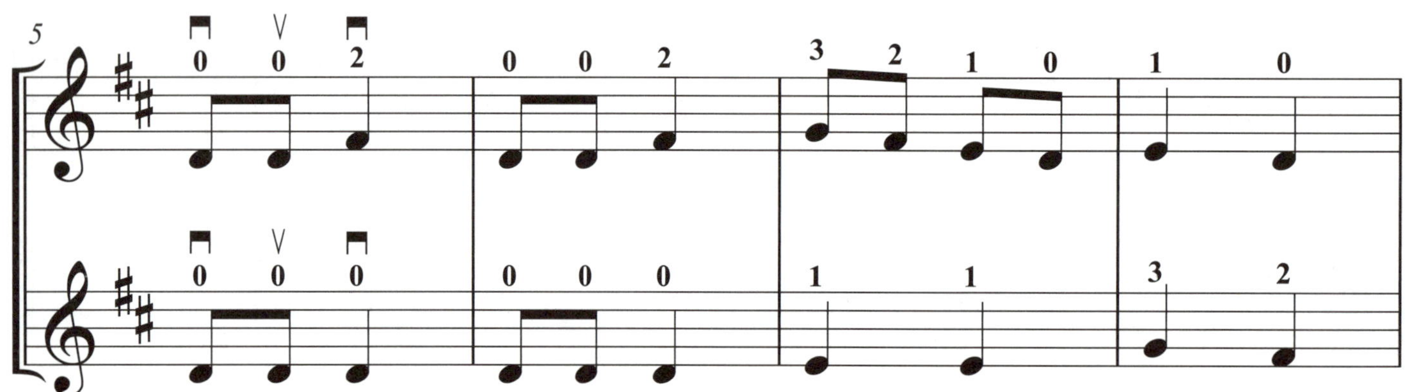

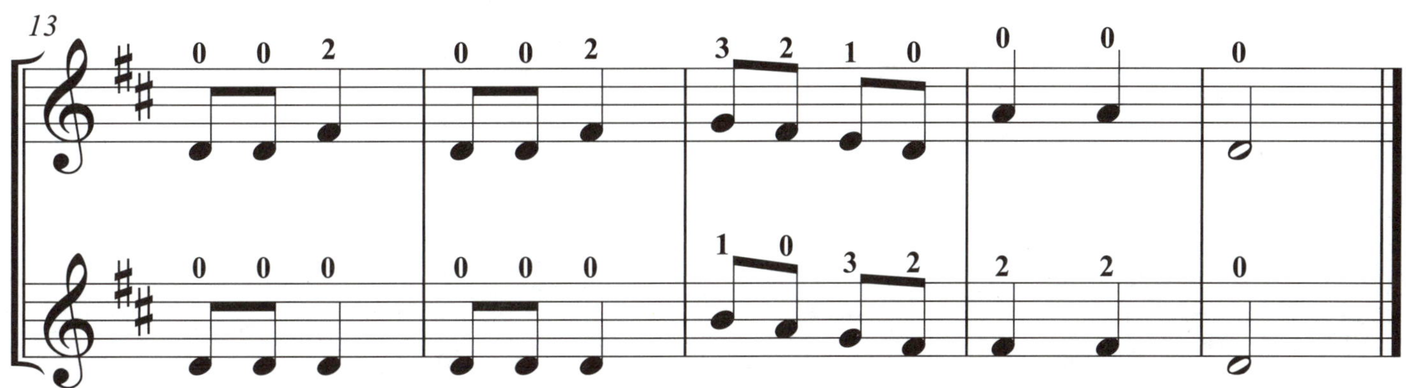

8분음표와 4분음표 활을 사용하는 곡입니다. 역시 활 조절이 중요합니다. **제1바이올린**과 **제2바이올린** 모두 개방현으로 먼저 활의 길이를 충분히 연습합니다. 바로 음정 짚기에 들어가면 긴장감으로 소리가 거칠게 나기 때문에 먼저 느린 템포로 개방현에서 활 길이를 정하여 느리게 연습하다가 익숙해지면 약간 빠른 템포로 음정을 짚어 연습합니다.

12. Shepherds Watched

체코 캐롤

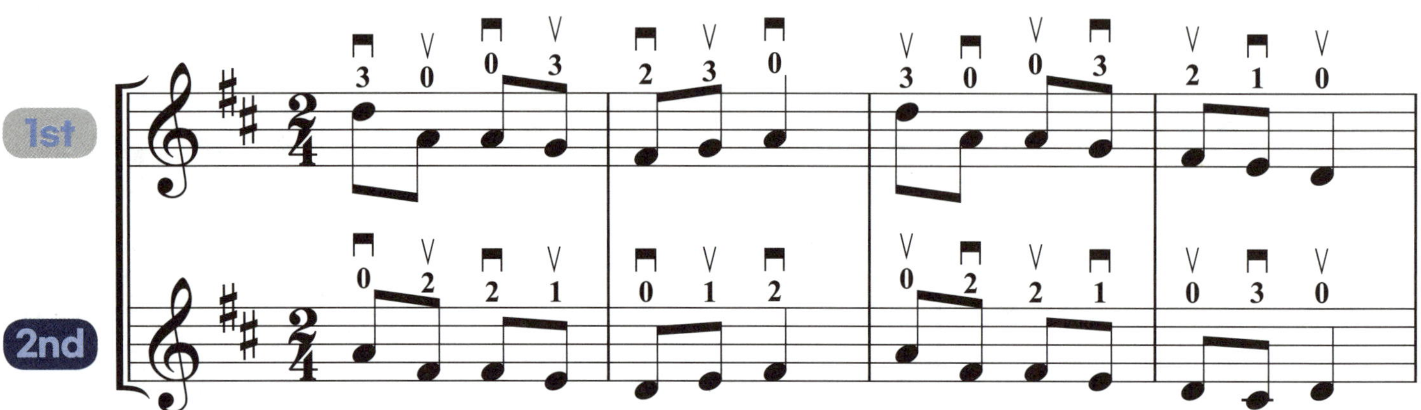

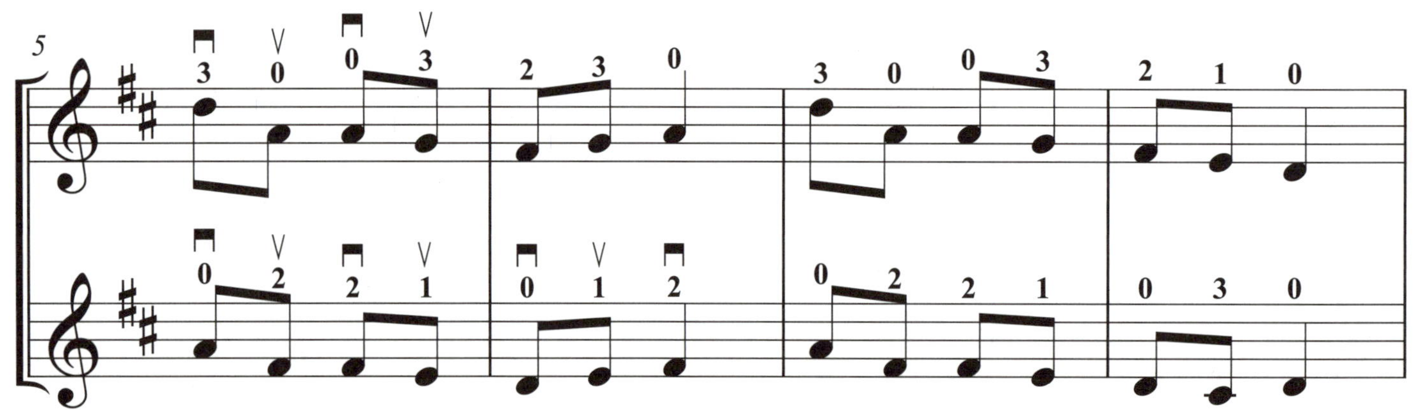

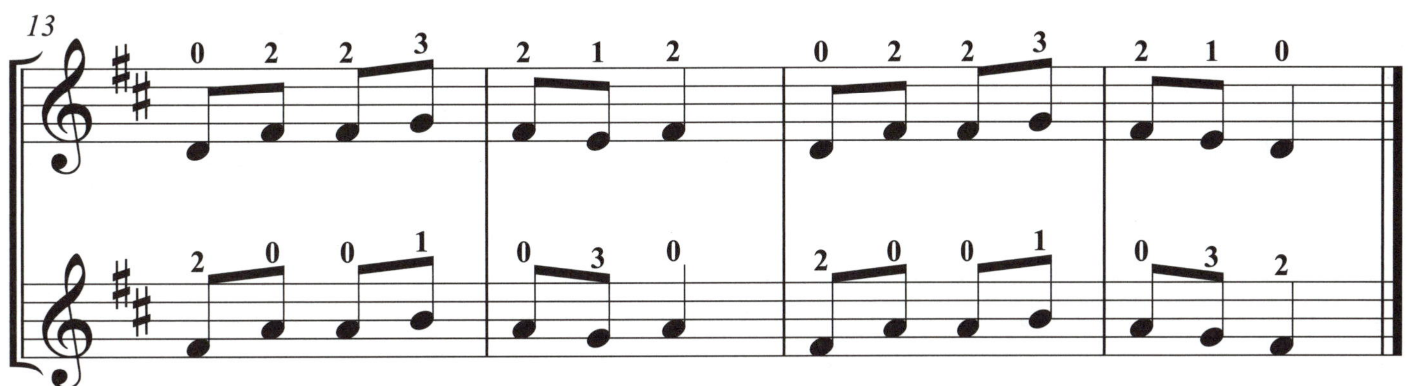

연습 톡톡!
Talk Talk!

제1바이올린과 **제2바이올린** 모두 활의 방향을 잘 맞추는 것이 중요한 곡입니다. 이 곡은 악기 안쪽에 위치한 낮은 음정을 사용하는 제2바이올린의 활 각도와 음정 짚기가 중요한 곡입니다. 역시 개방현 연습을 먼저 하여 활의 방향을 잘 맞추고, 8분음표와 4분음표의 길이를 적당히 조절하여 템포가 정확히 맞도록 연습합니다.

13. 스케이터 왈츠

¾박자에서 중요한 점2분음표의 길이를 충분하게 연습하는 것이 중요한 곡입니다. **제1바이올린**과 **제2바이올린**의 리듬은 같아도 화음이 3도로 나누어지므로 음정 체크도 꼼꼼히 합니다. 연습할 때 특히 도#와 파#의 위치를 잘 정하여 음정이 틀리지 않도록 주의합니다.

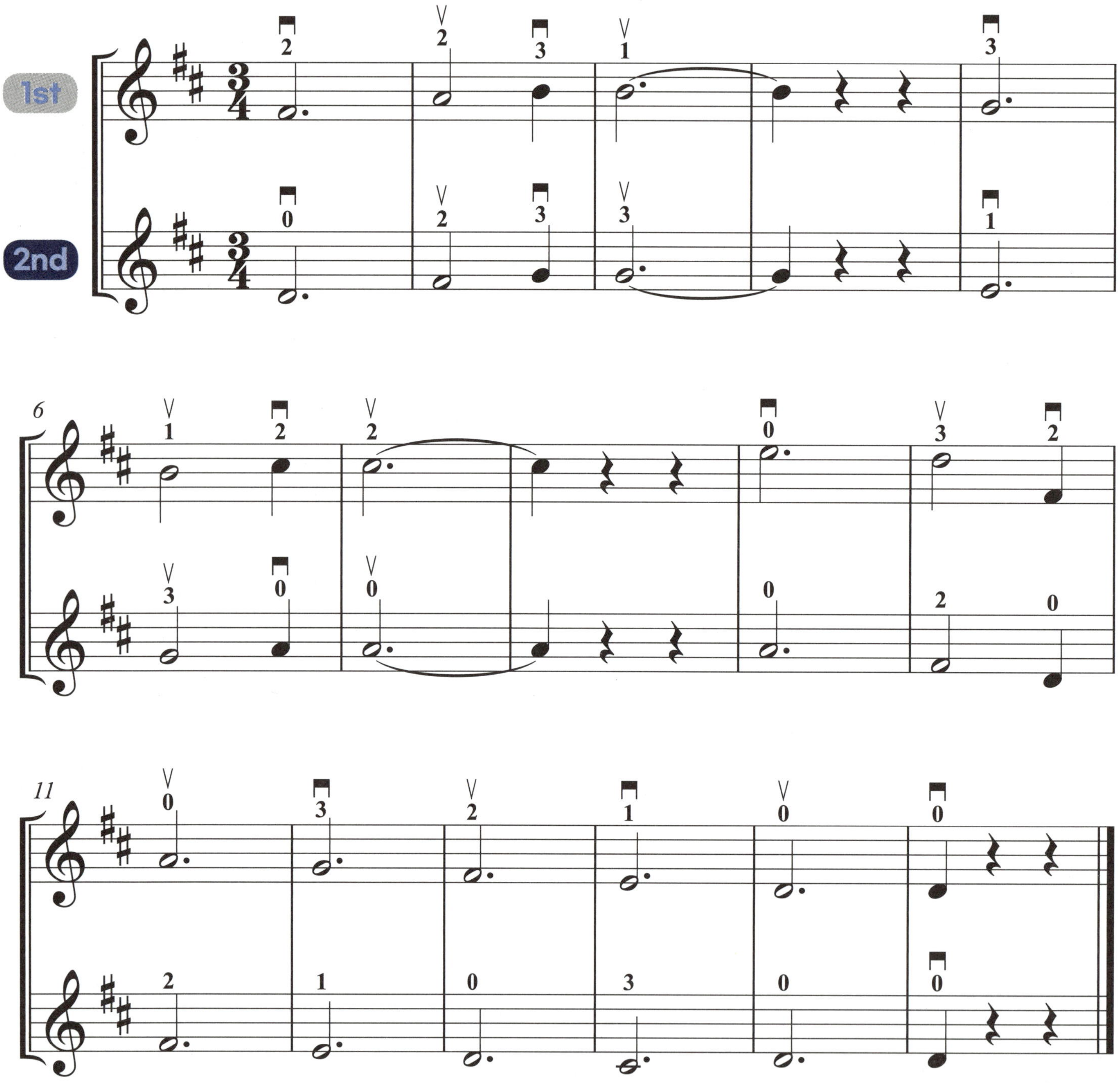

14. 꼬마 눈사람

작곡 한용희

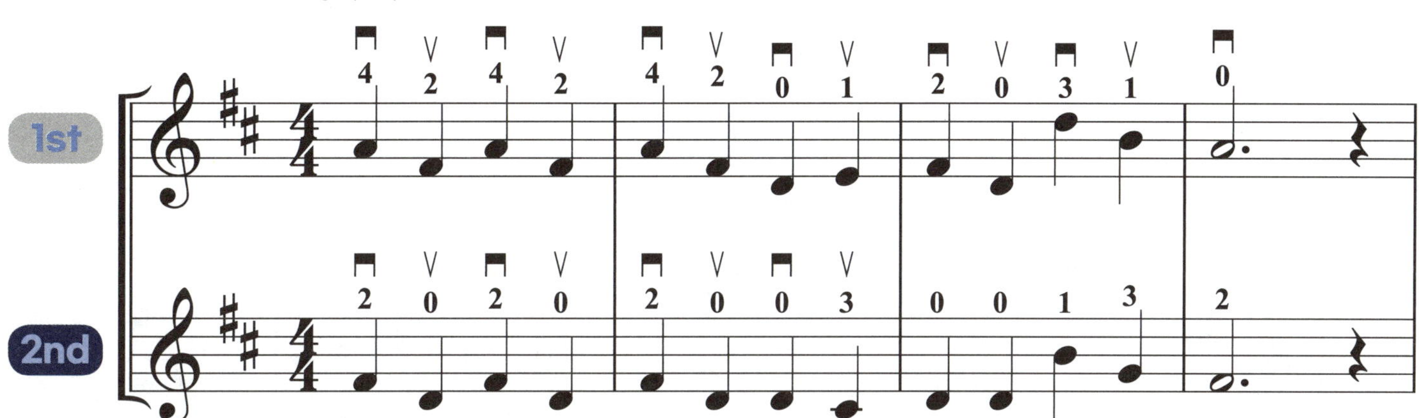

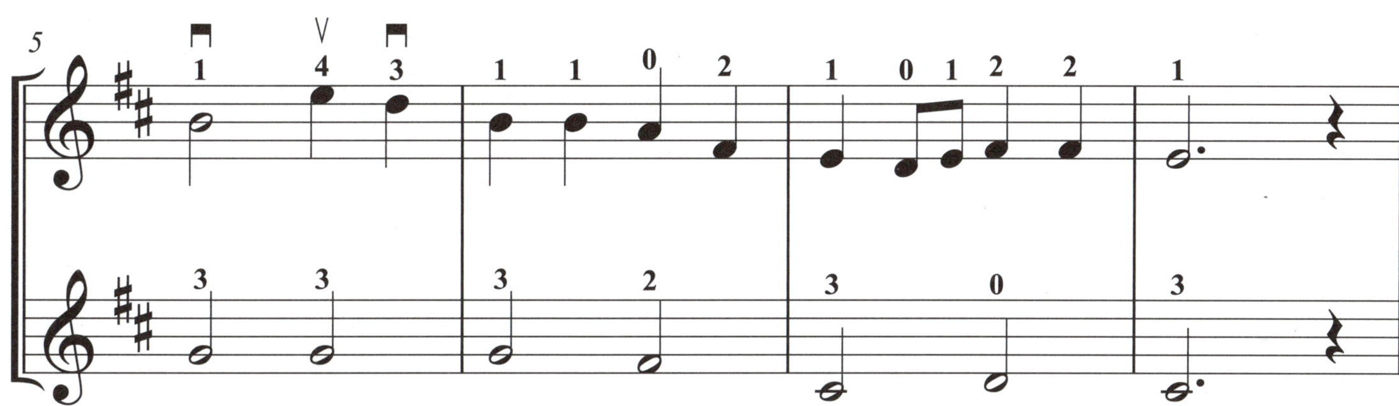

제1바이올린은 건너뛰기 음정이 많이 나오기 때문에 1~4마디를 반복 연습합니다. 제2바이올린은 5마디부터 나오는 2분음표의 박자를 꽉 채워서 연습합니다.

15. 흰 구름

외국곡

보통 빠르기로

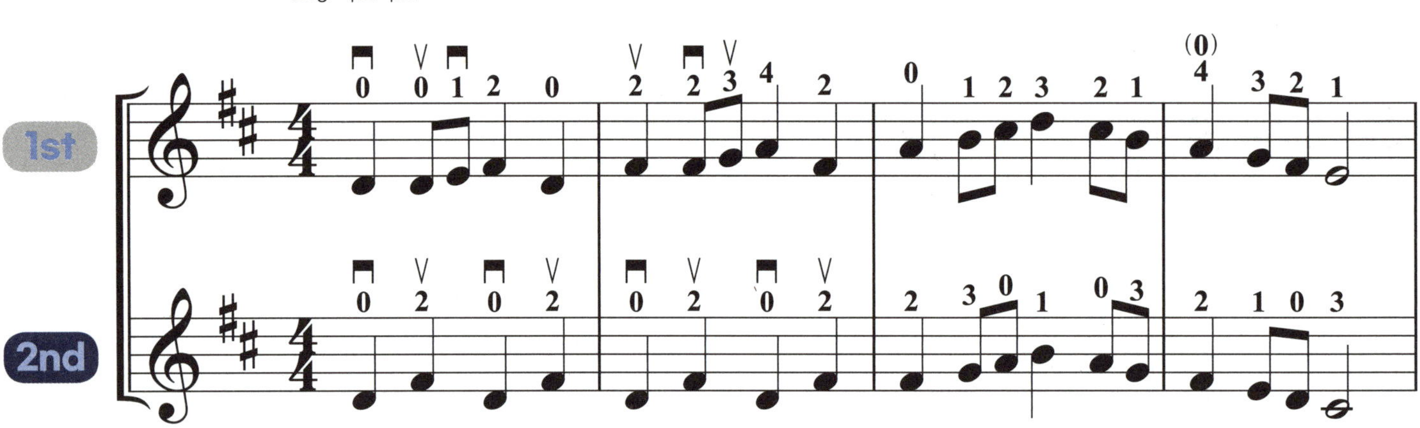

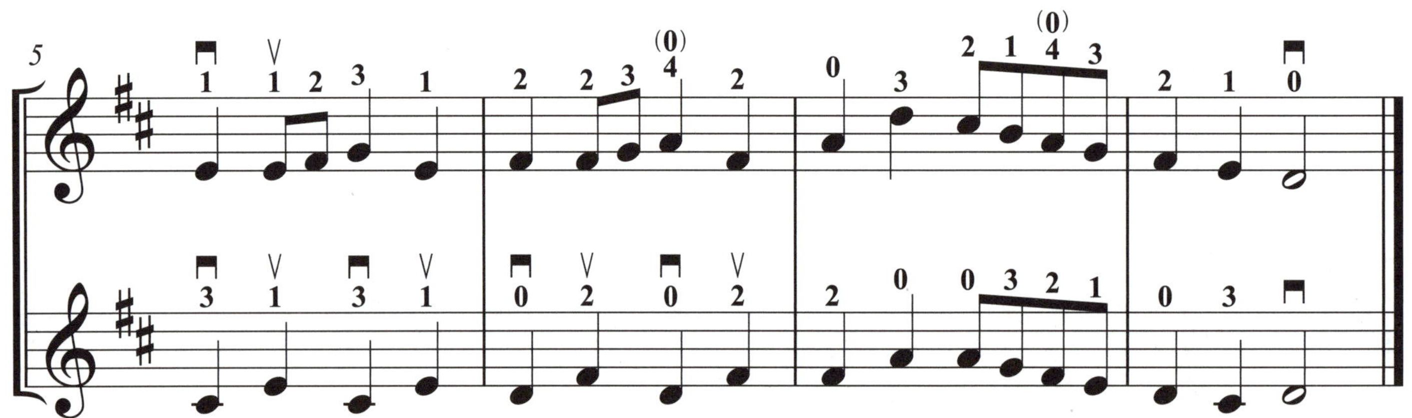

제1바이올린은 4분음표 활의 길이를 충분히 하여 4박자의 템포가 안정적으로 연주되도록 개방현으로 연습합니다. 제2바이올린은 처음부터 4분음표로 마치 일정한 발걸음과 같이 중간 활에서 부드럽게 활을 사용하고 3마디에서 제1바이올린과 합류하여 같은 리듬으로 연주하여 아름다운 화음으로 진행합니다.

 라, 레, 솔 줄 라장조 음계

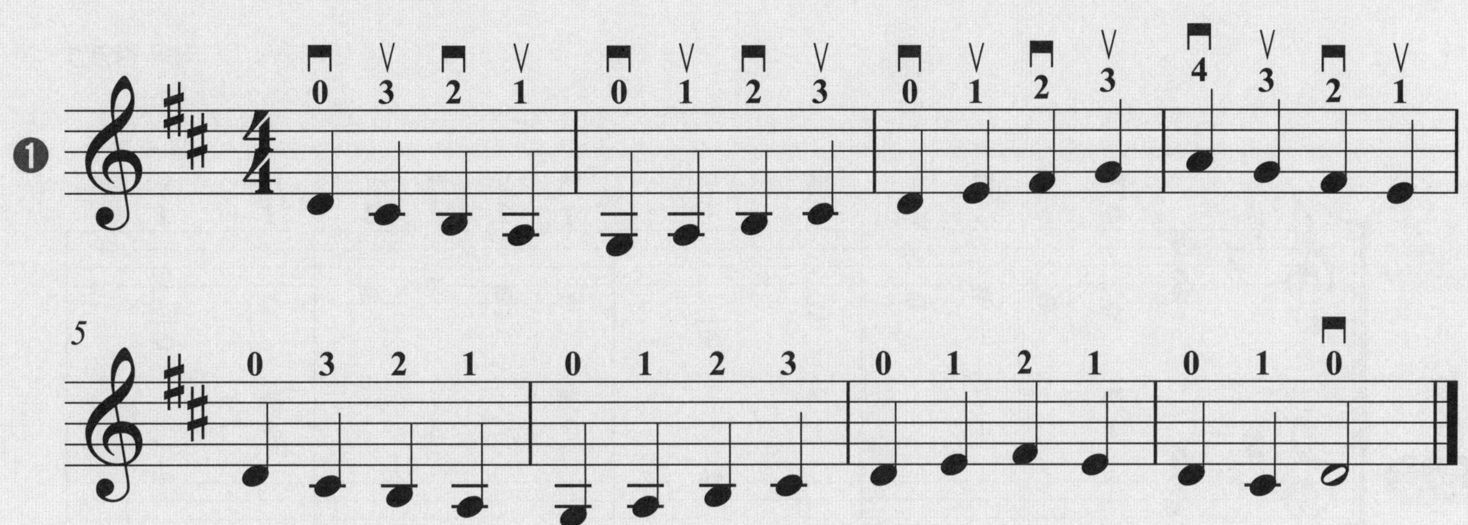

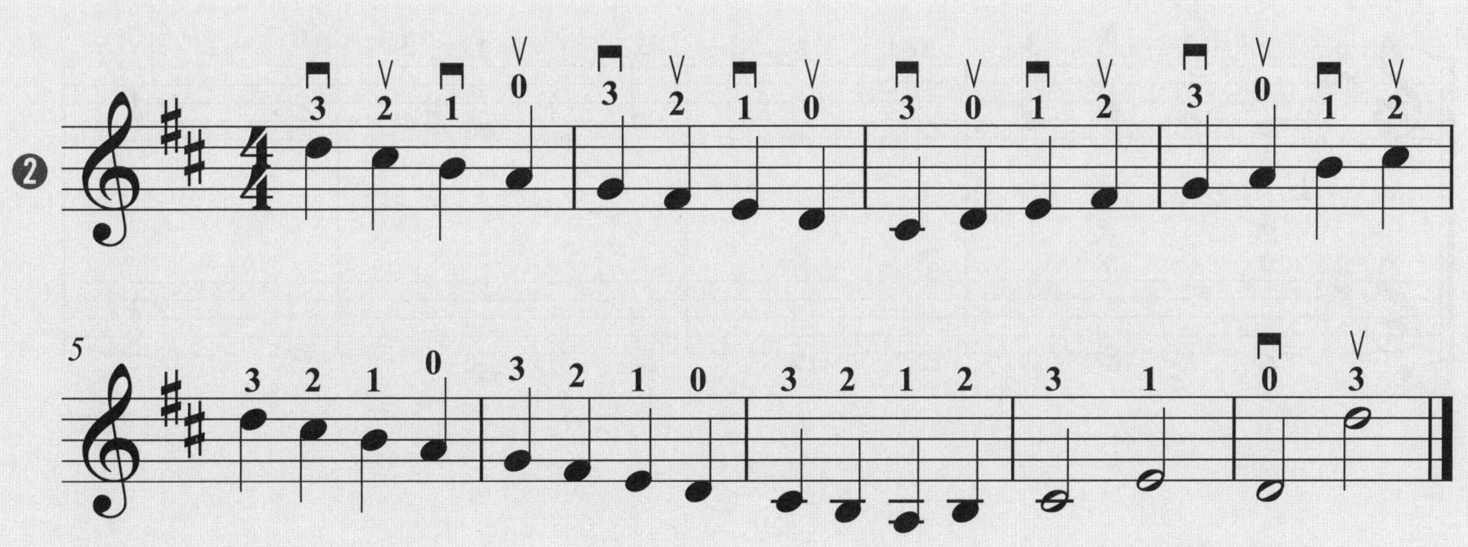

라, 레, 솔 줄의 활 각도의 짚는 연습과 바이올린의 가장 낮은 음정인 솔까지의 연습입니다. 솔은 가장 안쪽에 있는 줄이기 때문에 왼쪽의 팔꿈치를 안쪽으로 빼고 손가락 끝으로 음정을 짚어야 어깨나 손목에 무리가 가지 않으니 유의해서 연습합니다.

16. 아침 산책

작곡 김연경

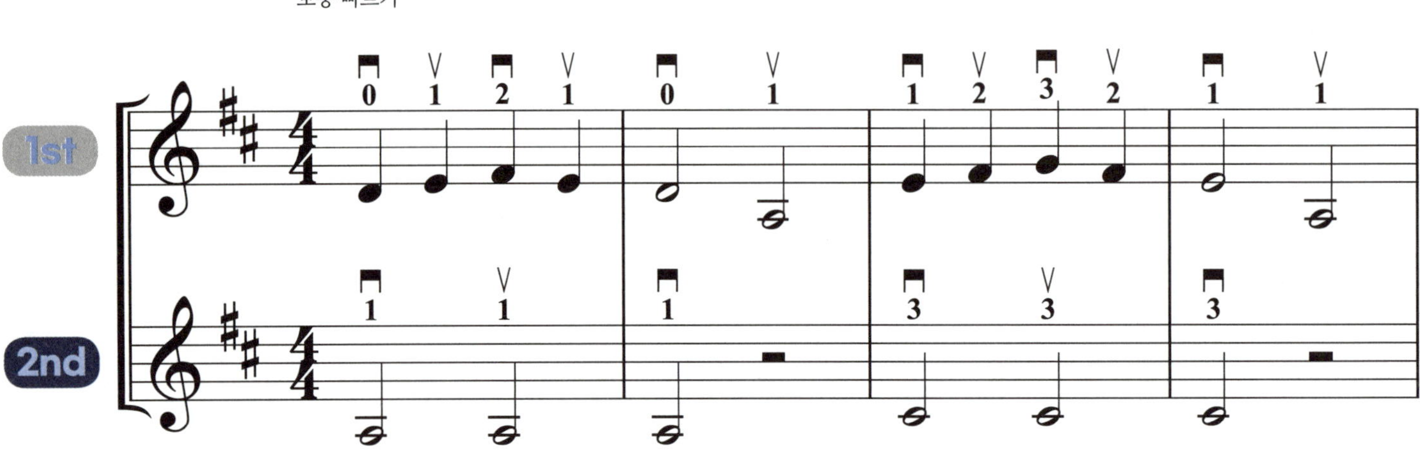

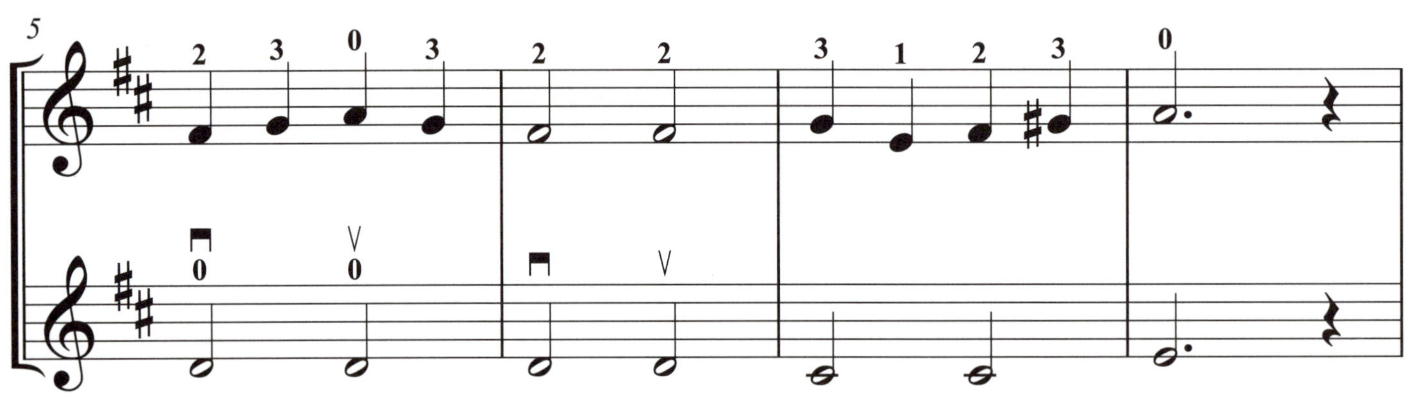

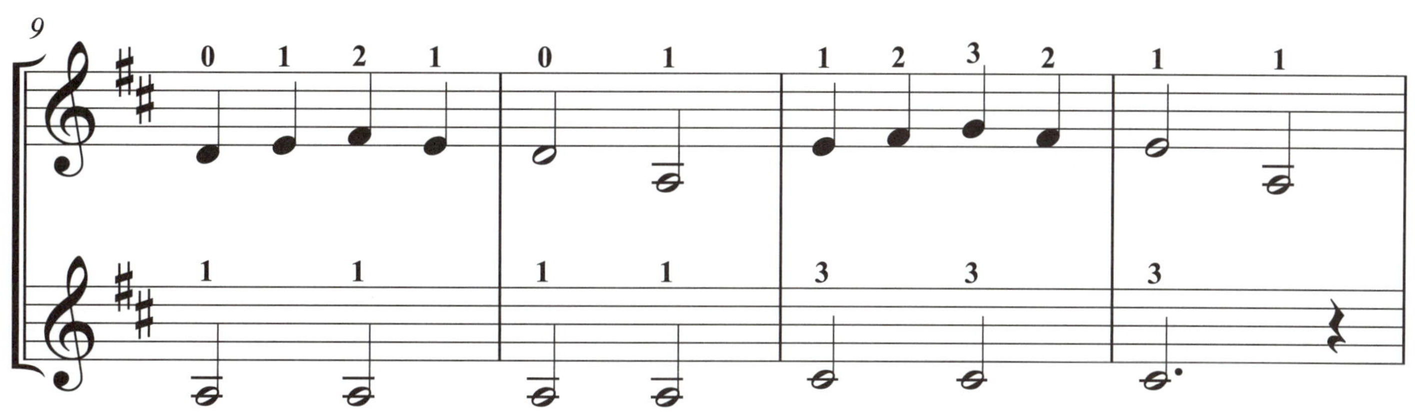

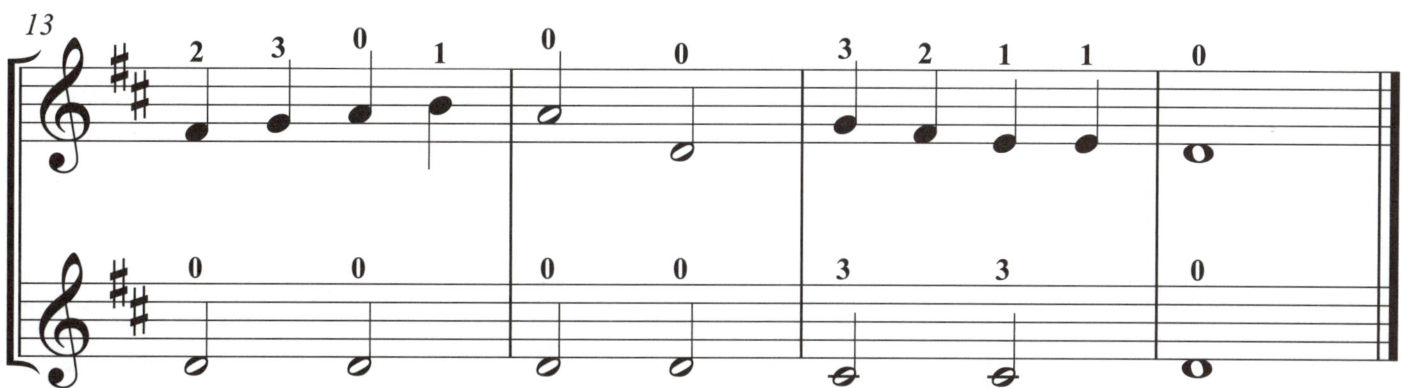

제1바이올린은 활의 각도가 레 줄과 솔 줄에 많이 머물러 연주되기 때문에 어깨에 힘이 많이 들어가는 것을 주의하여 개방현 연습을 충분히 하고 음정을 짚습니다. 제2바이올린은 거의 안쪽에 있는 솔 줄을 계속 사용하기 때문에 오른쪽 어깨의 힘 조절이 필요하고 솔 줄의 개방현 연습으로 7~8회 켜 보고 음정 짚기를 합니다.

17. 달팽이의 여름

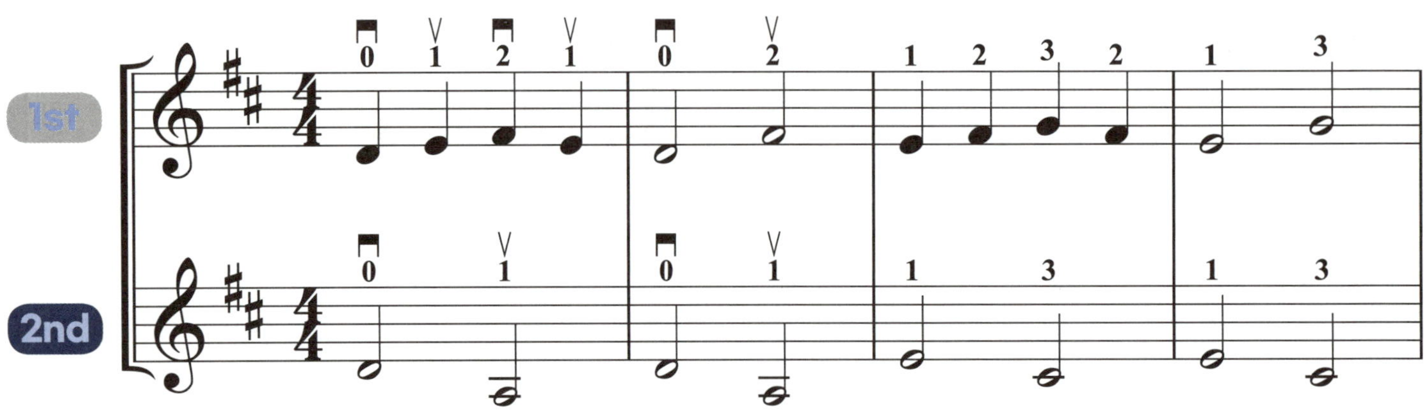

제1바이올린은 '아침 산책'과 비슷한 흐름을 가졌으므로 특히 레 줄에서 음정의 상향 연습을 하기 좋습니다. 9~12마디까지 상행에서 하행 음정으로 내려올 때 4번 손가락을 주의해서 연주합니다. 제2바이올린은 3~4마디에서 안쪽으로 들어가 있는 솔 줄에서 도♯를 누르는 3번 손가락이 약간 힘들게 짚어지기 때문에 왼쪽 손목의 튀어나옴을 주의하고 연주합니다.

18. 캉캉 ⑴

작곡 오펜바흐

조금 빠르게

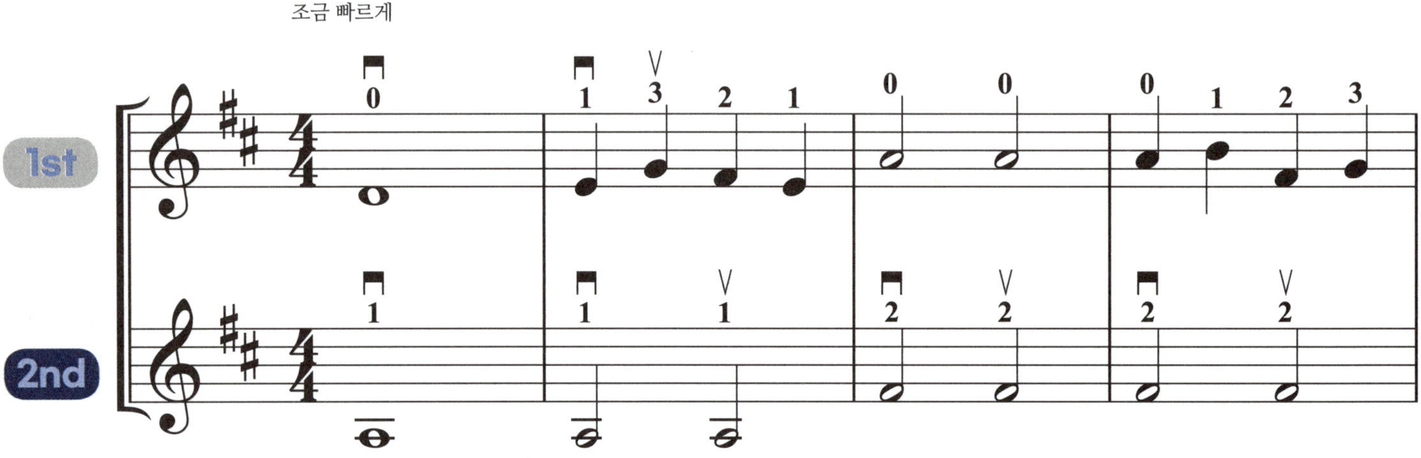

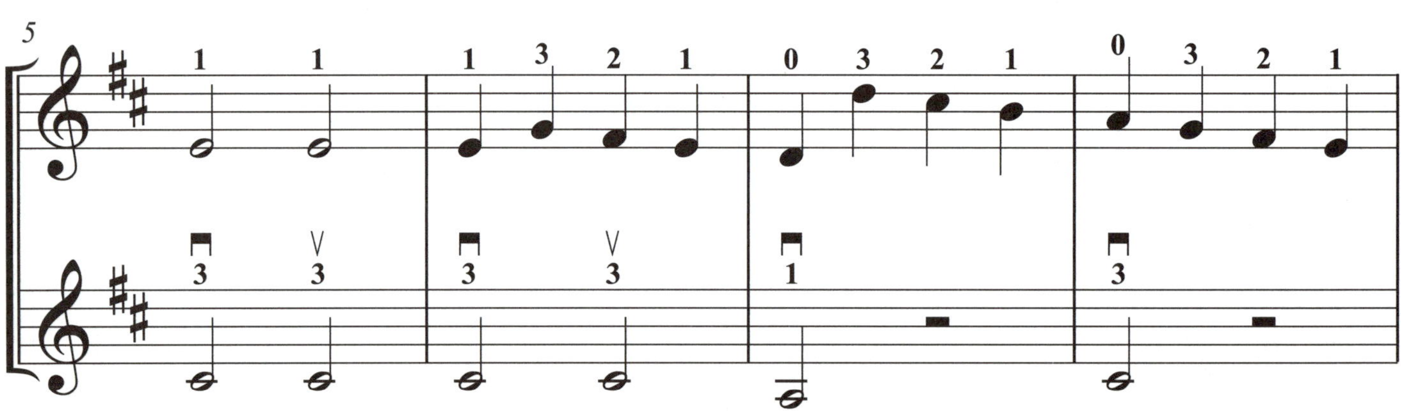

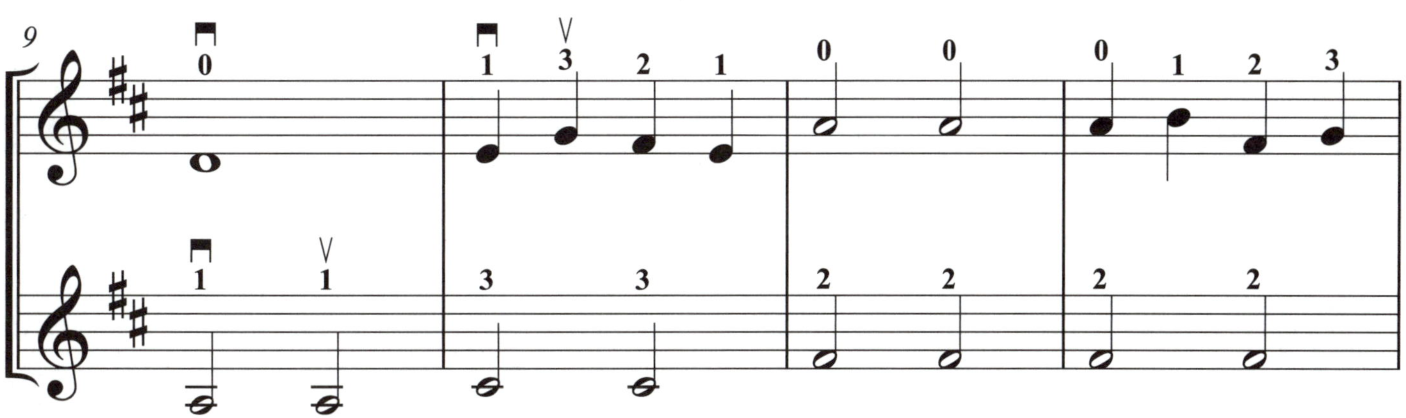

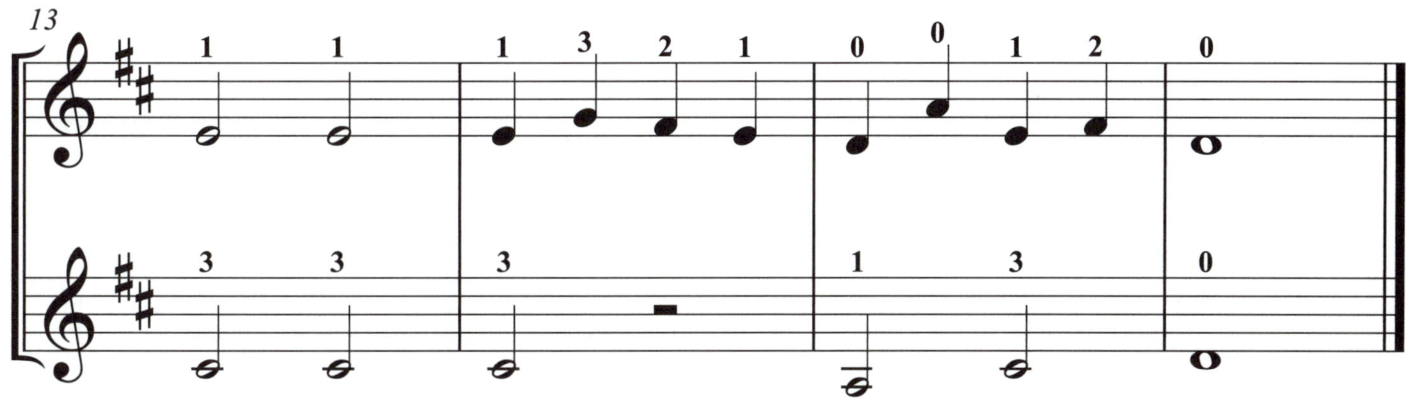

두 대의 바이올린 모두가 더블 내림활(Double down)을 처음 사용하는 곡이며, 활을 위로 높이 올렸다가 그 탄력으로 제자리에 두는 리테이크 (Retake) 활 법을 사용합니다. 개방현에서 리테이크 활 연습을 하고, 음정을 짚으며 왼 팔꿈치가 안쪽으로 들어오는 연습도 함께 합니다. 손목이 나오지 않기 위해 낮은 줄에서 연주할 때는 항상 팔꿈치를 안쪽으로 빼는 습관을 갖습니다.

연습곡 V 4분음표, 8분음표와 부점

뒤에 연결되는 곡들을 위한 연습곡입니다. 활을 다양한 음계에서 사용해 보고 ♯가 붙는 음정의 위치를 확인하는 연습입니다. 특별히 부점은 점 4분음표와 8분음표의 길이에 차등을 두지 않고 길이를 비슷하게 하여 균형 잡힌 연습을 합니다. 셋잇단음표에서 요구되는 악센트 활 연습도 느린 템포로 반 활 정도를 사용해 연습하다가 속도를 빨리하고 활 길이도 짧게 연습해 봅니다.

19. 고요한 밤 거룩한 밤

작곡 그루버

조금 느리게

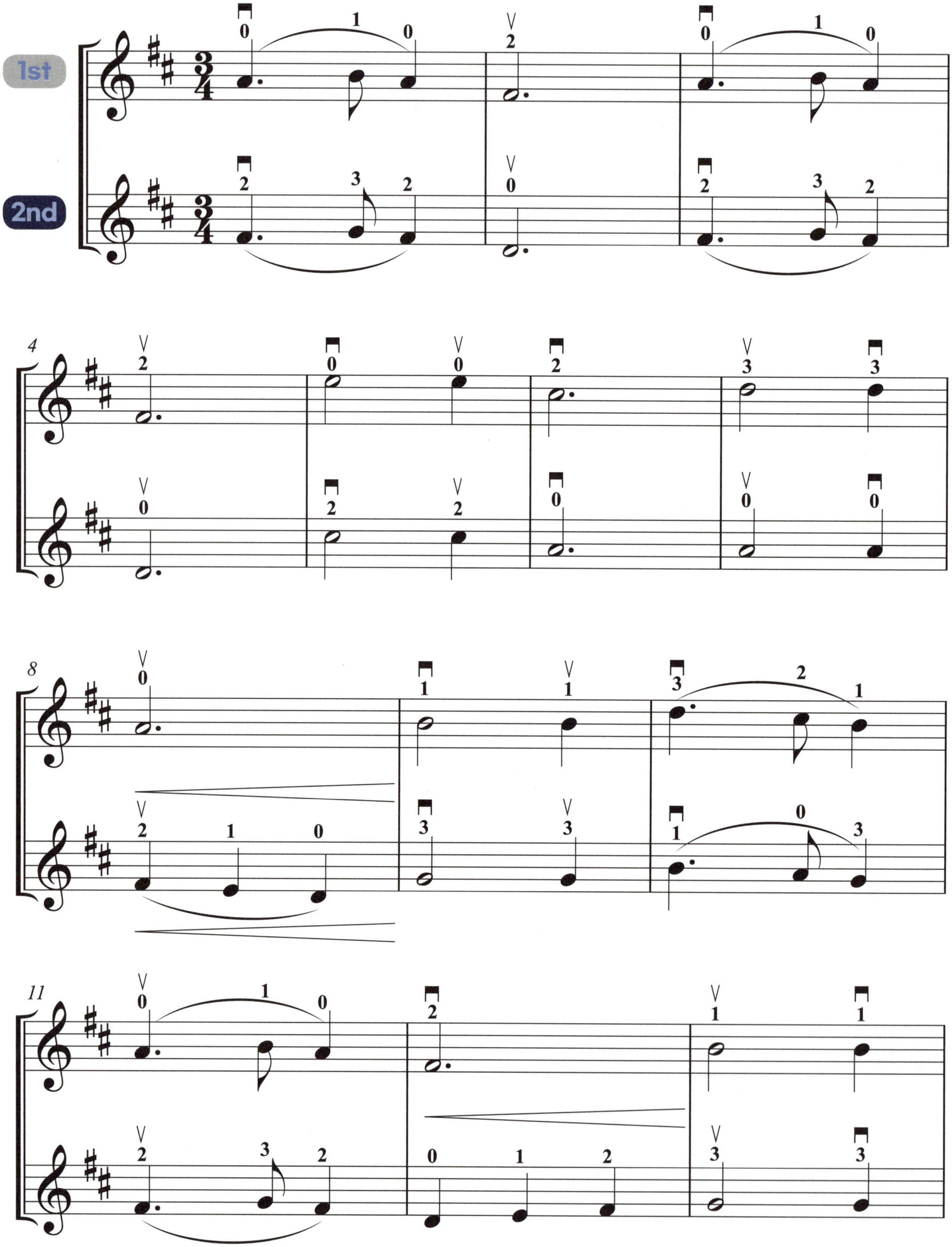

¾ 박자에 부점을 사용하는 곡이기에 점4분음표의 길이를 충분히 연주합니다. 제1바이올린은 슬러의 부드러운 활을 표현하려면 충분한 길이의 활쓰기를 해야 합니다. 8마디의 파#와 18마디의 도# 음정을 주의해서 짚습니다. 제2바이올린은 라 줄과 레 줄을 주로 사용하기 때문에 활이 겹쳐 소리 나지 않도록 각도를 조절합니다.

20. 석양

6/8박자인 이 곡은 **제1바이올린**과 **제2바이올린** 모두 거의 같은 활법으로 진행됩니다. 두 바이올린이 한 몸처럼 활의 흐름이 같고 점4분음표와 8분음표의 활 길이를 한 호흡으로 같이 연주하기에 매우 좋은 연습곡입니다. 4마디에서 같이 숨을 쉬면서 활의 길이를 조절하는 것이 좋습니다. 16마디에서 8분음표들을 슬러로 연결할 때 활의 완급 조절이 잘 되도록 충분히 느린 빠르기로 연습하고 익숙해지면 보통 빠르기로 템포를 조절합니다.

21. 가보트

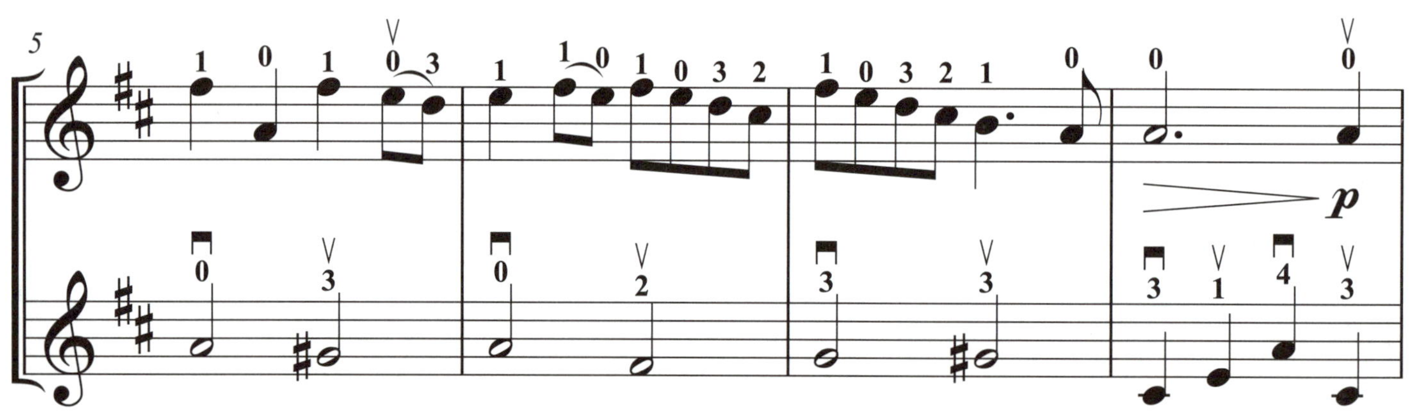

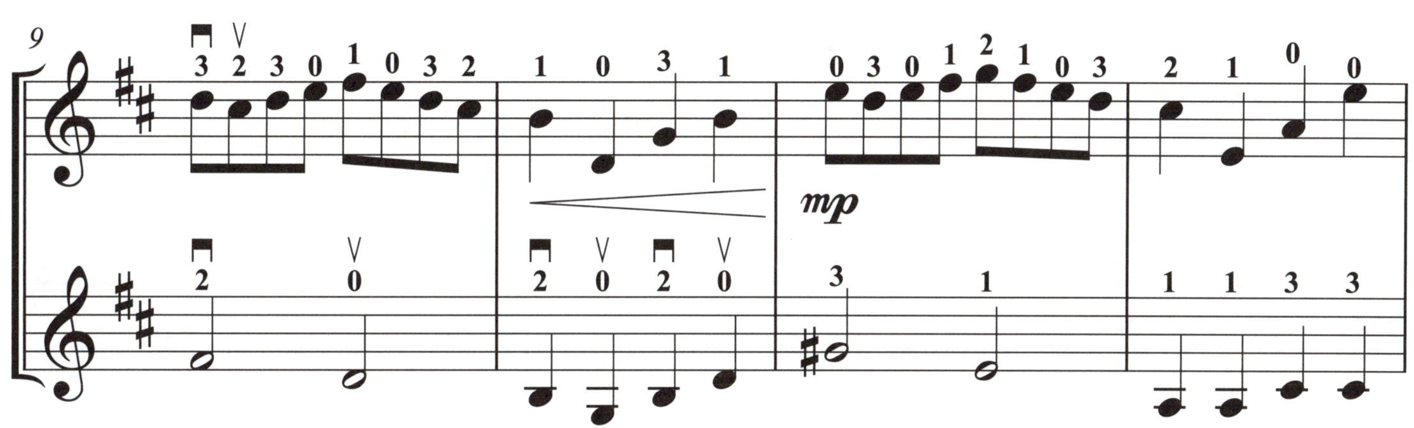

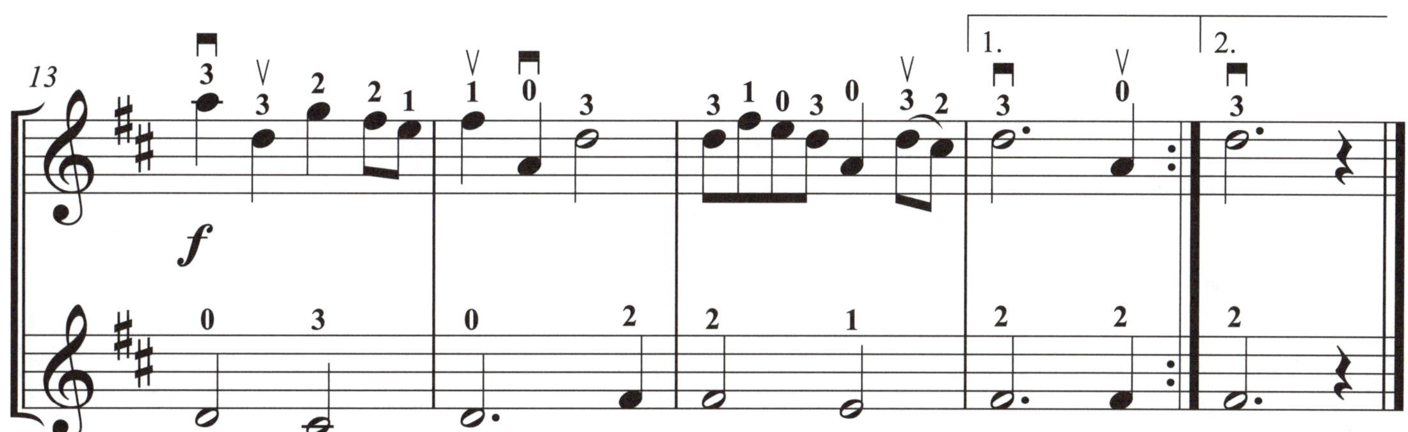

제1바이올린의 활 주법은 마치 관악기로 부는 것처럼 절도 있고 약간은 딱딱한 소리가 나는 것처럼 연주합니다. 대조적으로 제2바이올린은 2분음표를 꽉 채워서 풍부하고 두꺼운 소리로 표현해 줍니다. 9~12마디를 연주할 때 제1바이올린의 8분음표와 제2바이올린의 2분음표 박자가 정확히 들어맞도록 부분 연습합니다.

22. In a Canoe

작곡 볼파르트

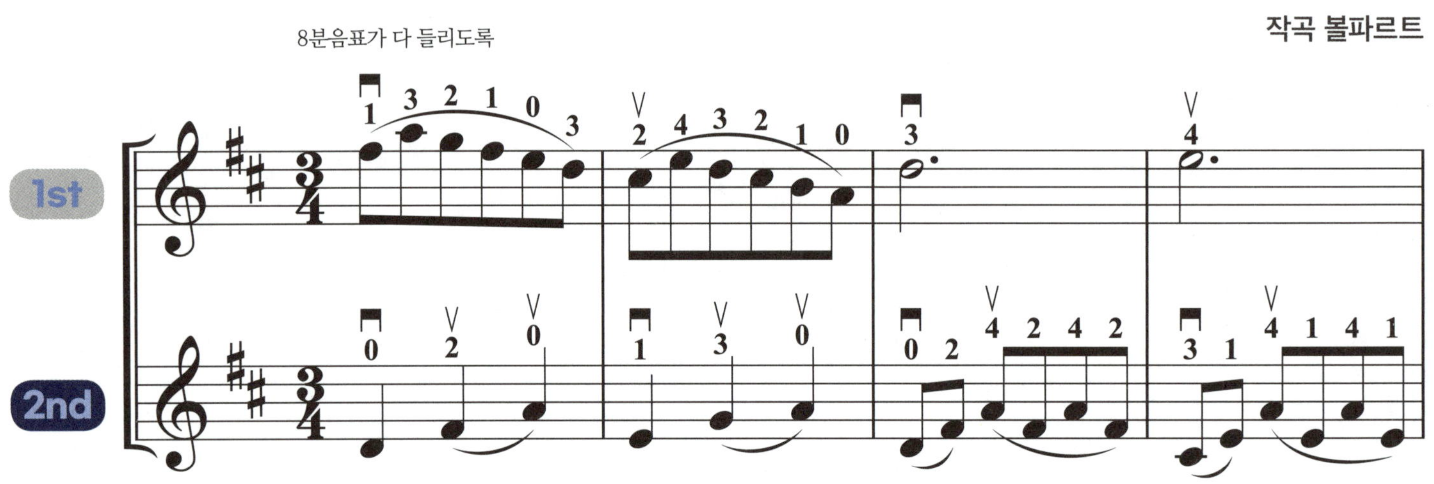

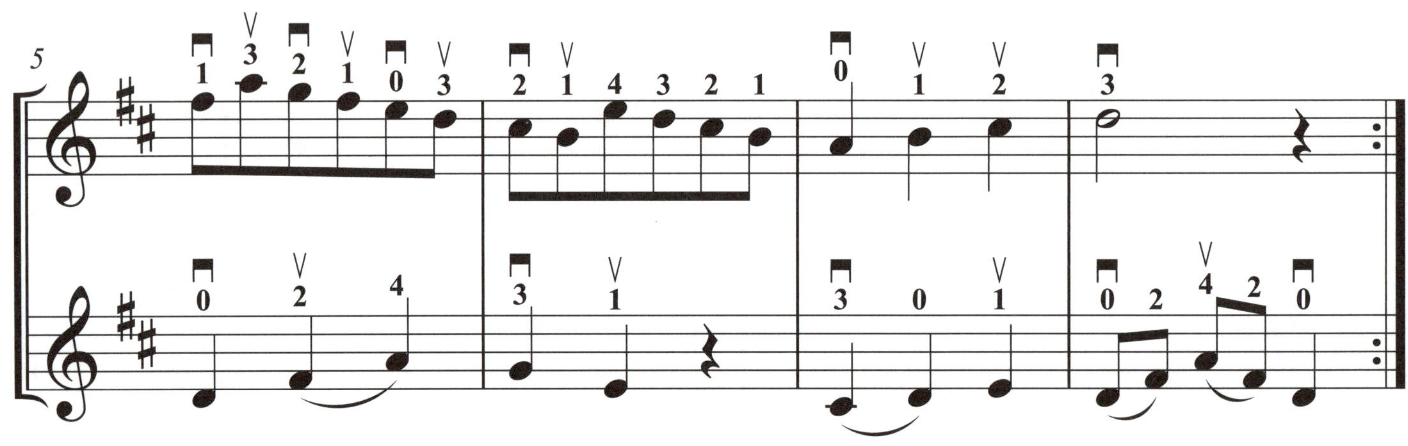

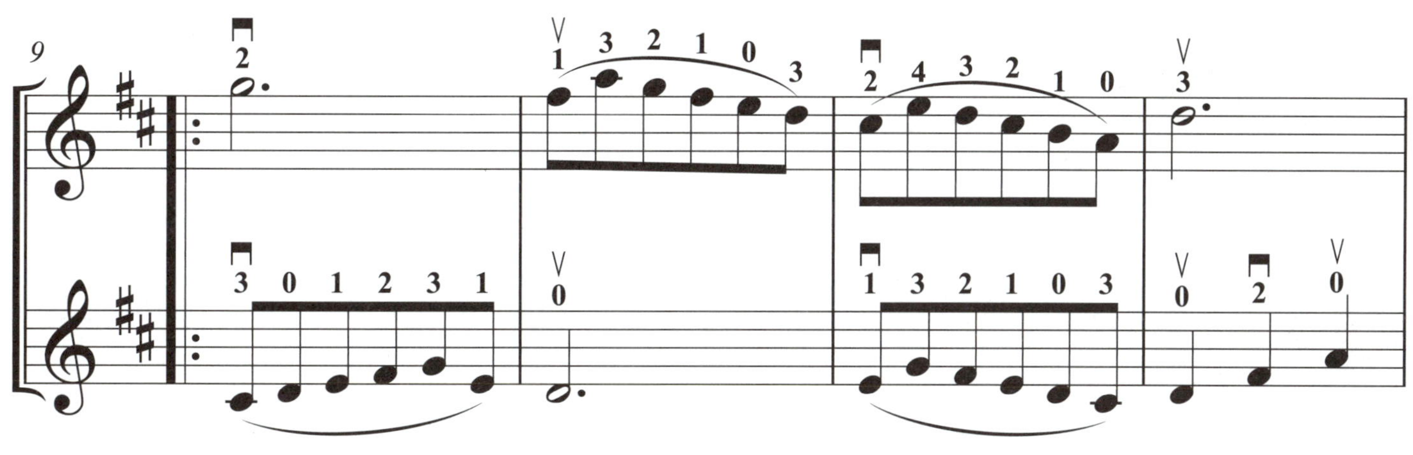

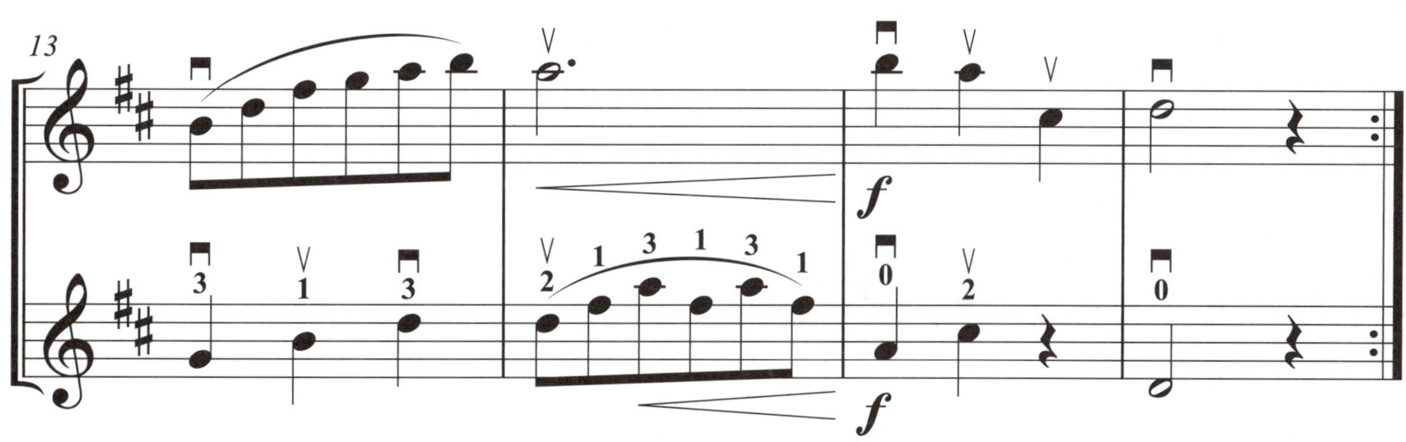

제1바이올린은 8분음표 6개 모두 활 길이가 비슷하도록 하나씩 나누어 연습합니다. 간단해 보이는 음계이지만 한 번의 활 길이에 음정 짚기까지 동시에 연주하다 보면 박자가 흐트러지거나 음정의 간격을 맞추어 바로 짚기가 어렵습니다. 처음 연습 때는 슬러를 빼고 음정 위주로 연습을 하고 익숙해지면 슬러를 추가해서 조금 속도를 높여 연습해 봅니다. **제2바이올린**은 피아노의 왼손 반주처럼 정확히 4분음표 길이를 나누어서 연습합니다. 특히 제1바이올린의 8분음표 두 개가 제2바이올린의 4분음표에 하나에 들어가기 때문에 4분음표 길이를 충분히 연주합니다.

23. 뒤포르 미뉴에트에 의한 9개의 변주곡 K.573 중

제1바이올린은 2분음표의 부점의 활 길이가 거의 비슷하도록 활을 전체 활(Full bow)로 사용하여 연습하고 특히 13마디에 더블 내림활(두 번 연속 내림활)을 연주할 때 8분음표를 여유 있게 연주합니다. 제2바이올린은 1마디부터 시작되는 4분음표의 길이를 일정한 간격으로 맞추어 연주하여 제1바이올린의 템포가 급해지지 않도록 잘 리드해 줍니다. 함께 맞출 때 주의할 구간은 16마디인데 제1바이올린이 부점이 있는 악보로 연주되고, 제2바이올린은 4분음표를 잘 지켜서 제1바이올린이 머무는 2분음표 동안 박자를 잘 잡아주는 기둥 역할을 할 때 전체적인 곡이 조화로운 연주가 됩니다.

24. 어머님 은혜

작곡 박재훈

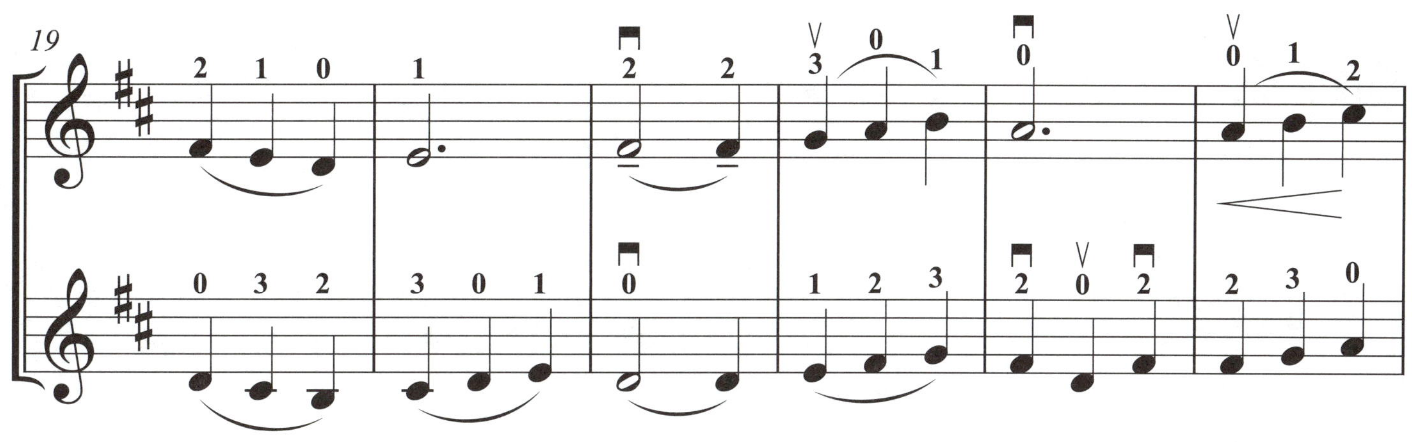

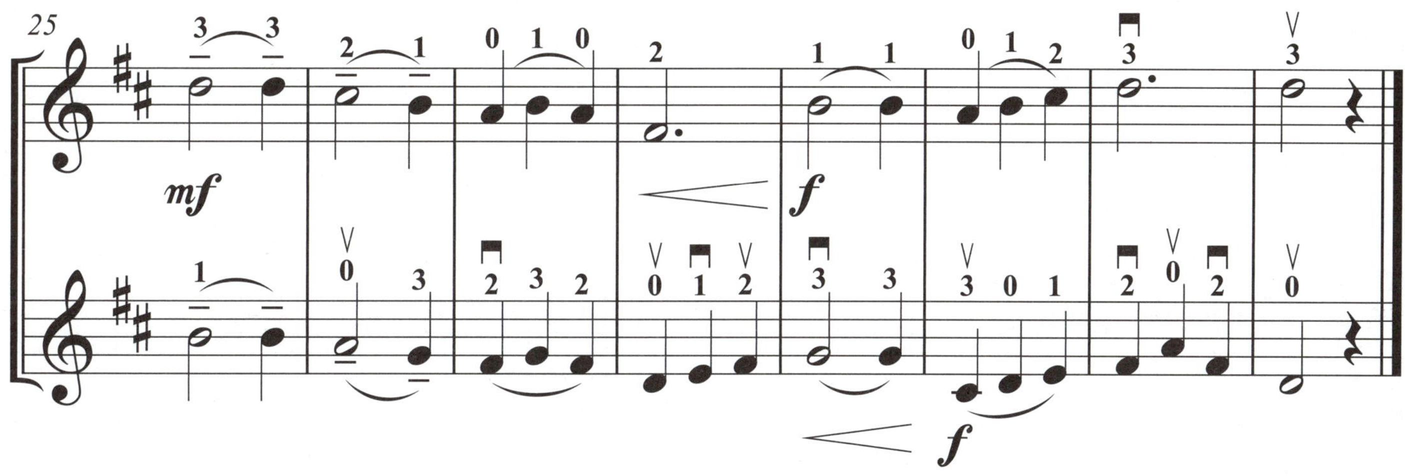

> **연습 톡톡!**
> **Talk Talk!**

부드럽고 풍부한 소리를 내기 위한 슬러 연습곡입니다. 제1바이올린과 제2바이올린 모두 2분음표와 4분음표를 슬러로 연결하는 부분에서 활의 길이를 풍부하게 사용하여 왈츠처럼 우아하고 여유 있는 연주를 목표로 합니다. 특히 **제1바이올린**에서는 1마디부터 거의 마지막 마디까지 비슷한 패턴이 있는데 2분음표와 4분음표를 한 활로 연결하여 연주하는 것입니다. 활의 길이를 잘 조절하는 것이 중요한데 2분음표의 활을 조금 아껴서 4분음표까지 충분히 표현되도록 연습합니다. **제2바이올린**은 18마디부터 4분음표를 슬러 없이 연주하여 템포를 잡다가 21마디에 박자가 전환되는 부분을 매끄럽게 연습하여 마지막 부분까지 잘 마무리 되도록 합니다.

25. 개선의 합창

두 대의 바이올린 모두 행진곡풍으로 당당하고 힘차게 연주합니다. **제1바이올린**은 1~8마디를 하나의 문장처럼 자연스럽게 연결하고 9~16마디는 다른 주제로 연주하듯 하다가 17마디부터는 처음의 도입부보다 더 곡의 제목처럼 당당하고 힘 있게 활을 사용하며 연주를 마무리합니다.

제2바이올린은 제1바이올린처럼 비슷한 형태로 도입부부터 연주를 이어가다가 9마디부터 4분음표 활로 충분한 길이의 소리를 냅니다. 주로 4개의 줄 가운데 레 줄과 솔 줄을 많이 사용하는데 낮은 음정의 높이를 잘 체크 할 필요가 있습니다. 9마디부터 16마디까지의 활은 레가토 활보다는 테누토 활로 각 음정을 뚜렷하게 살려 연주합니다. 특히 20~21마디의 8분음표 음정들은 한 음정씩 또렷하게 소리가 들리도록 음정의 높낮이에 주의하여 3~4번 반복 연습합니다.

26. 바다가 보이는 마을 마녀 배달부 키키 OST

작곡 히사이시 조

보통 빠르기, 여유 있게

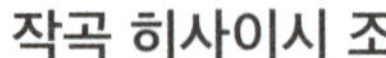

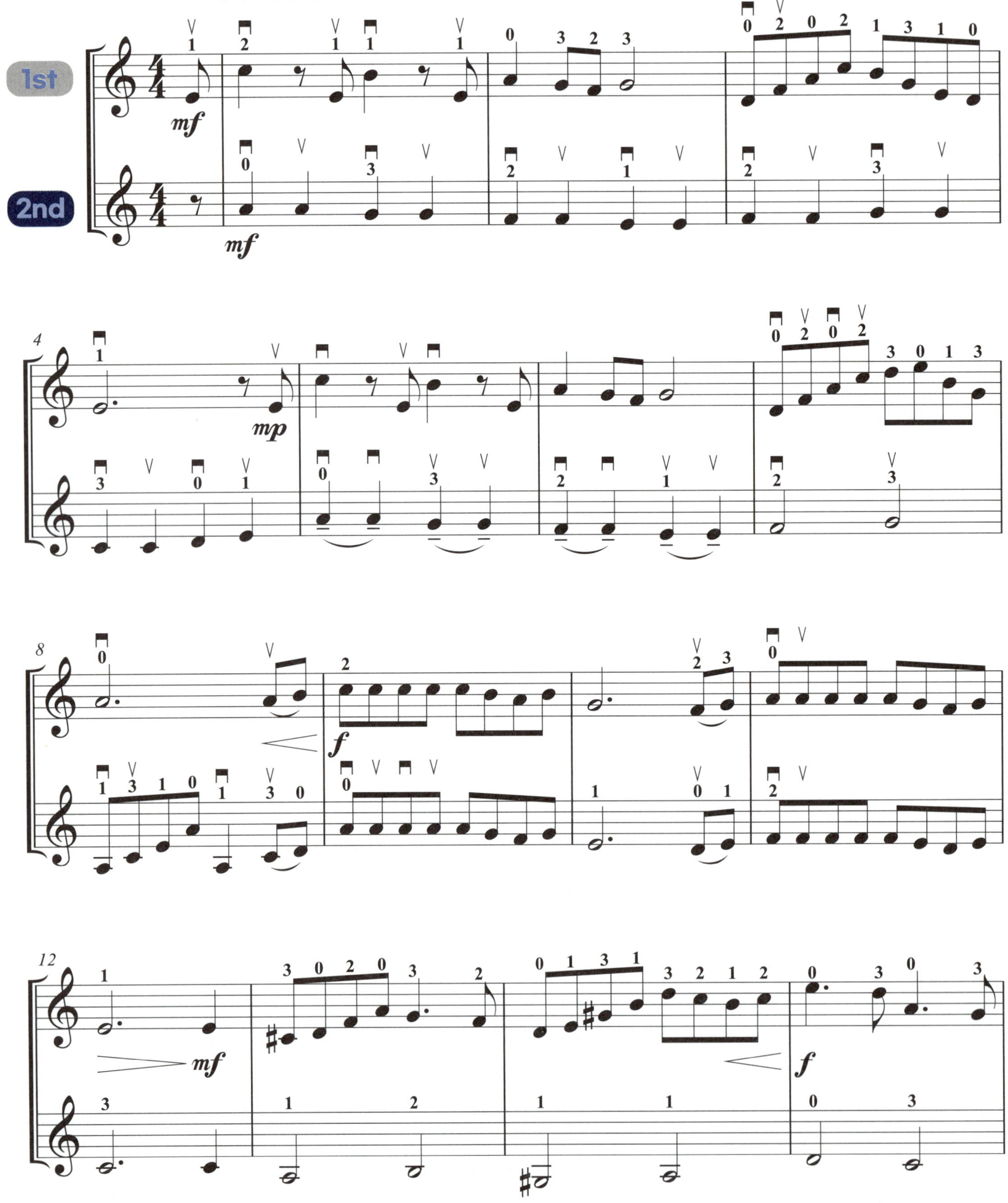

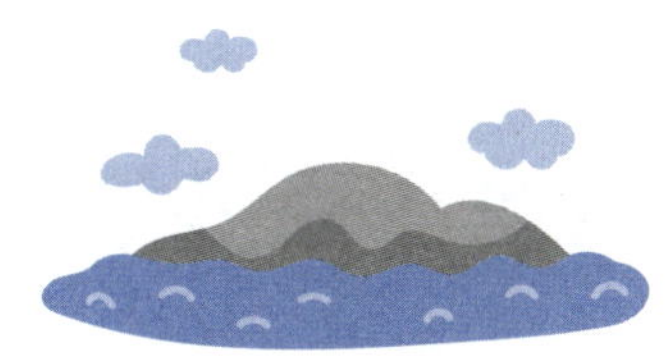

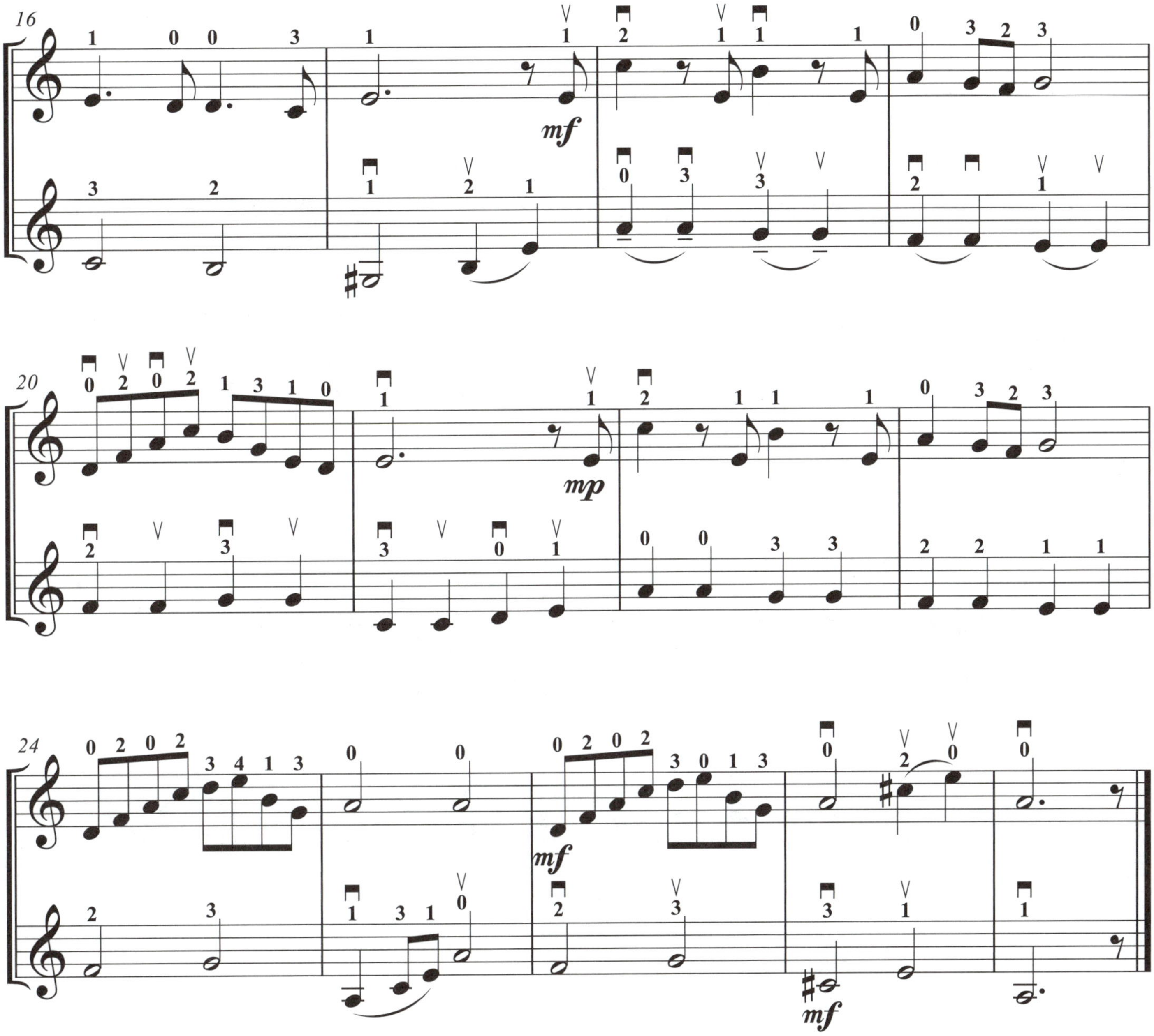

**연습 톡톡!
Talk Talk!**

제1바이올린은 첫 도입부의 8분쉼표가 너무 가파르지 않도록 충분히 호흡하면서 연주를 진행합니다. 3마디와 7마디에서는 아르페지오(순차적 음계가 아닌 건너뛰는 음정)를 사용한 주법들이 나오기 때문에 부분적으로 천천히 왼손 음정 연습을 합니다. **제2바이올린**에서는 1마디부터 그런 뉘앙스의 제1바이올린의 템포를 돕듯 굵직한 소리로 4분음표를 연주합니다. 이 곡에서 제2바이올린의 역할은 전체적으로 곡이 너무 급하게 흘러가지 않도록 견제하는 듯이 활의 길이를 꽉 채워 여유 있게 연주하는 것입니다.

27. 산속 마왕의 궁정에서 페르 귄트 모음곡 중

작곡 그리그

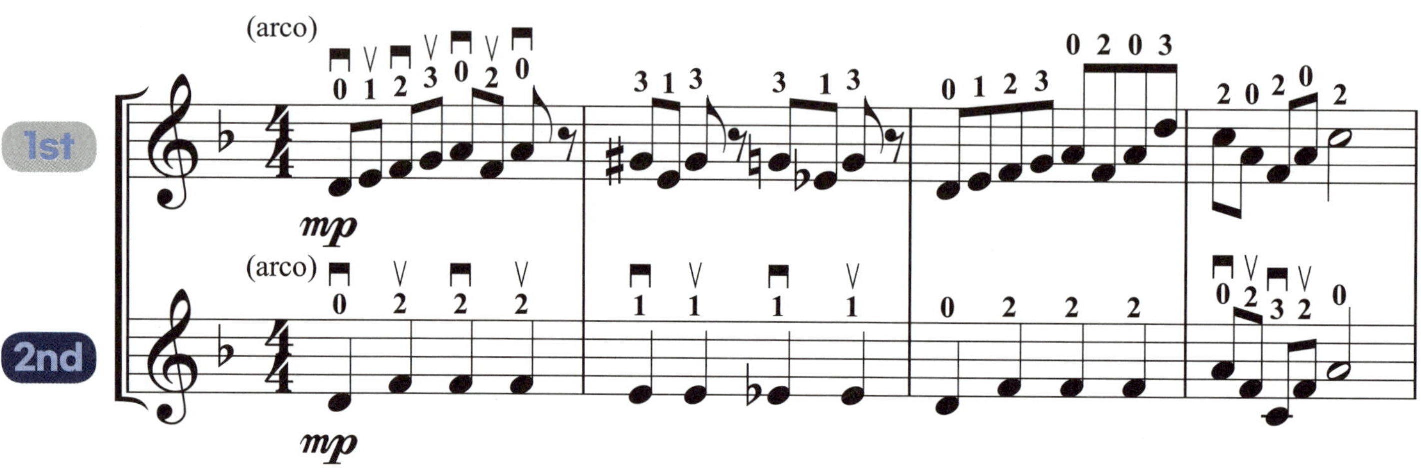

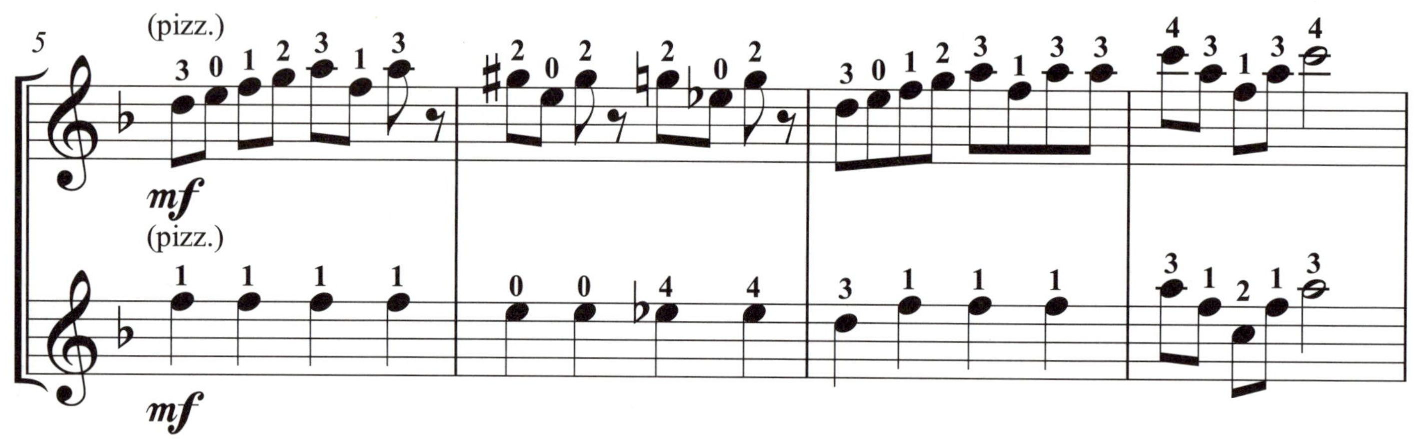

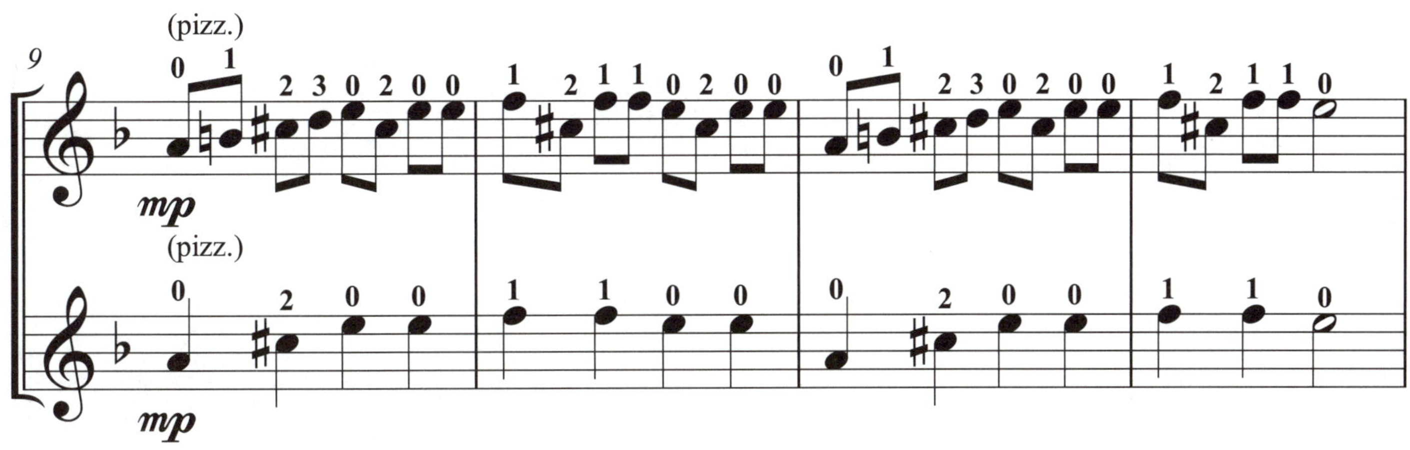

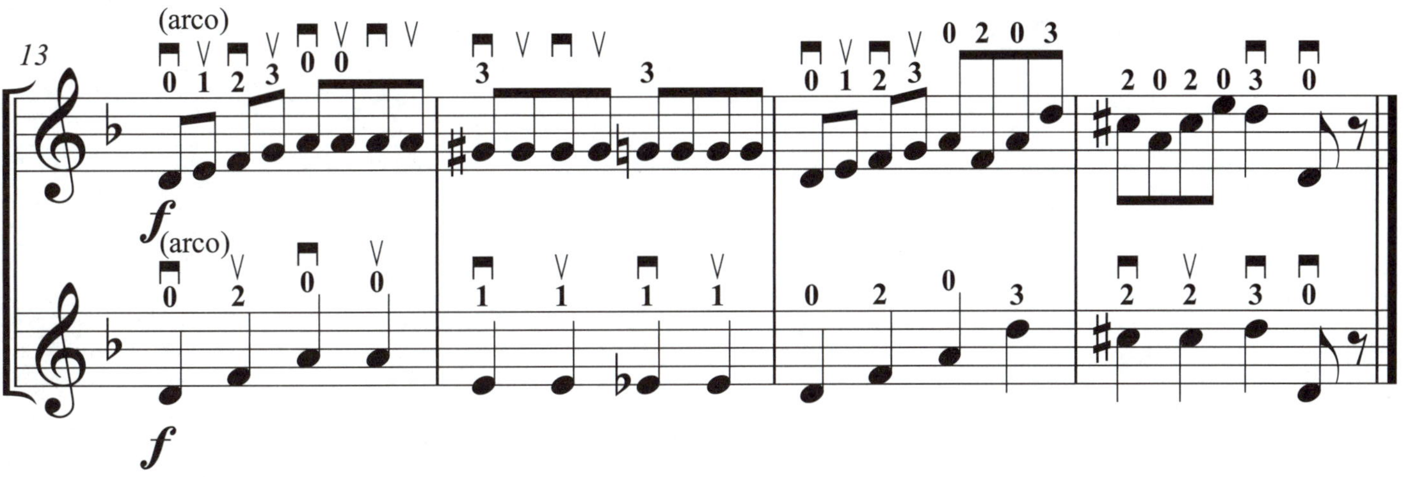

연습 톡톡!
Talk Talk!

제1바이올린과 제2바이올린 모두 1~8마디까지 낮은 레 줄에서 시작하여 높은 미 줄까지 계속 상향되는 음정을 아르코와 피치카토를 이용하여 연주하기 때문에 순발력을 발휘하여 두 주법이 교차될 때 깨끗한 음정이 구현되도록 느리게 연습합니다. 음정을 뜯는 손가락은 보통 오른쪽 손으로 활을 잡고 두 번째 손가락을 뻗어서 튕겨주는 것이 좋습니다.

연습곡 VI 활쓰기와 트레몰로

❶ 중간활에서 - 활 2개로 쪼개기

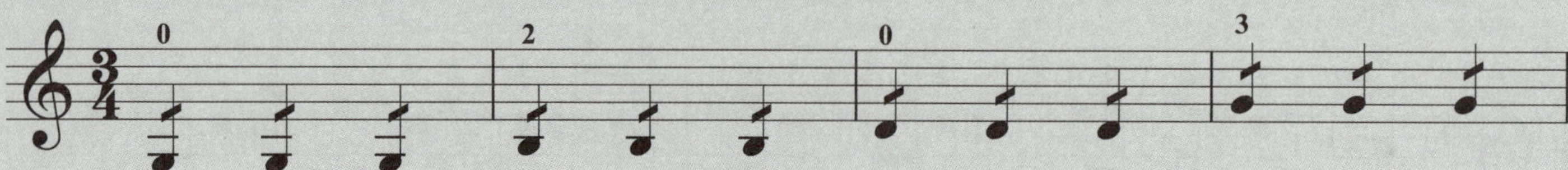

❷ 활 끝에서 - 활 4개로 쪼개기

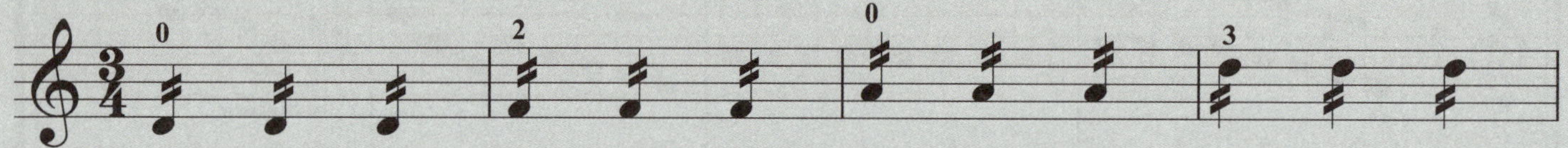

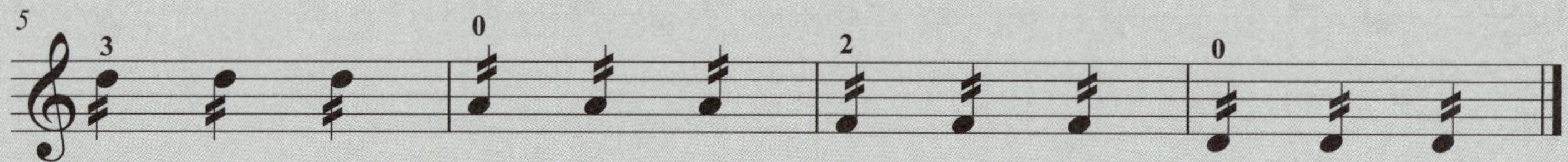

연습 톡톡!
Talk Talk!

1번부터 4번 연습곡까지 모두 활의 위치를 계속 바꾸어 가며 활을 박자대로 쪼개는 연습입니다. 매우 유용한 연습인데, 특히 트레몰로처럼 빠른 활쓰기에는 어깨는 많이 움직이지 않고 손목과 팔꿈치의 각도가 네모 박스 모양이 되도록 유지하며 연주합니다. 활의 위치를 꼭 지켜서 다양한 활의 소리를 들어보도록 하고, 특히 4번 트레몰로 연습할 때 활의 각도를 잘 이용하여 에프 홀(F hole)의 머리 부분에 최대한 맞추어 연습하며 활의 포인트에서 위 반활 정도까지만 사용하여 스피드 있는 트레몰로 활을 구현합니다.

❸ **중간활에서 활 끝까지 - 활 4개로 쪼개기**

❹ **트레몰로 - 개수 없이 박자에 맞추어 쪼개기**

Tip! 바이올린을 배울 때 좋은 습관 만들기!

바이올린을 처음 배울 때는 연습 시간을 잘 조절하는 것이 중요합니다. 장기적인 연습을 위해서 쉬어가며 연습하는 것이 좋은데 구체적으로 연습 횟수를 5~6회 하고 쉼을 갖고 또 5~6회 하고 쉼을 갖는 방법으로 어깨나 허리 등에 무리가 되지 않도록 합니다. 연습 중간중간에 어깨나 팔목 스트레칭을 해 주면 더욱 신체의 피로도를 경감할 수 있습니다.

28. 캉캉(2)

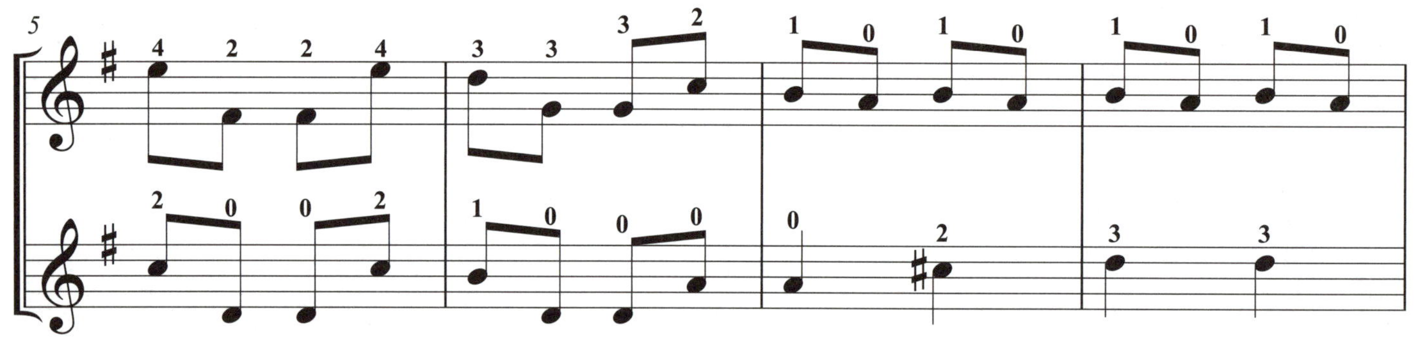

제1바이올린은 전체적으로 세 줄 이상을 켜면서 진행하는 이현 연주(Changing strings)가 반복되며 전체적으로 빠른 템포의 8분음표가 반복되고 있습니다. 특히 15마디부터 소리가 작아지는 데크레셴도를 이용하며 제2바이올린이 두 음정 이상을 켜는 코드를 같은 마디에서 연주하기 때문에 제2바이올린의 음정 짚는 난이도를 고려하여 같이 연습할 때 조금 느리고 꼼꼼하게 연습합니다. 제2바이올린은 처음 마디에 4분음표를 조금 무게감 있게 연주하여 제1바이올린의 속도가 빨라지는 것을 제한합니다. 15마디에 나오는 코드 음정 연습 때 한 음정씩 나누어 연습하고 마찬가지로 두 음정 중 아래 음정을 먼저 체크하고 위 음정을 체크하는 순차적인 방법을 사용합니다.

29. 트레팍 호두까기 인형 중

작곡 차이콥스키

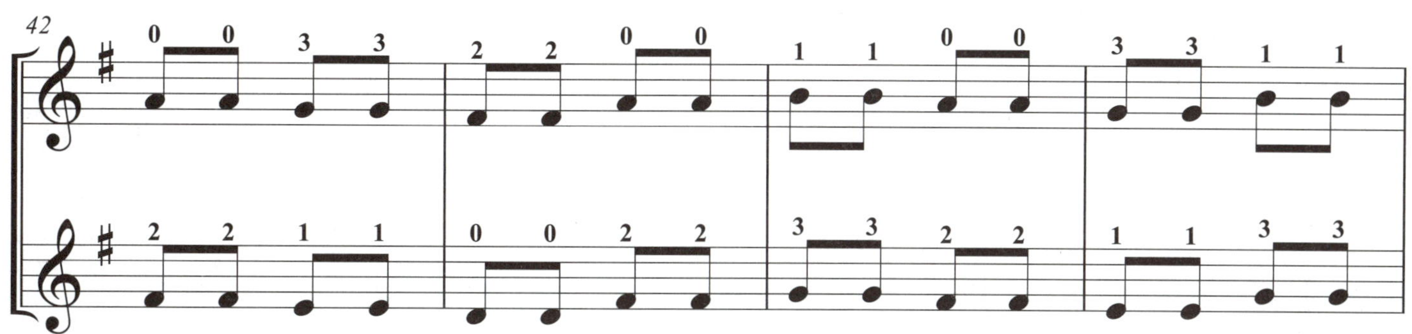

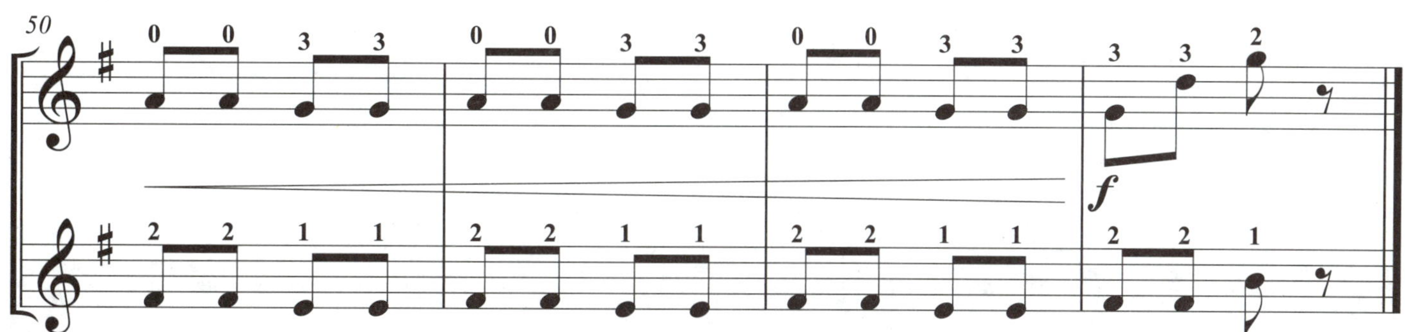

제1바이올린 도입부 부분은 활 연습을 따로 하여 16분음표와 8분음표가 박자 안에서 연주되도록 합니다. 1~16마디의 동일한 슬러의 형태로 연결되어 있는 이 음표들이 박자 안에서 음정 짚기와 함께 잘 조화되도록 느린 박자로 천천히 연습합니다. 특히 17~31마디까지는 비슷한 자리의 음정이 반복되기 때문에 악보에 집중하여 꼼꼼히 주의해서 연주합니다. **제2바이올린**도 마찬가지로 비슷한 리듬이지만 화성만 나누어져 있는데 제1바이올린과 마디를 맞추어 서로 마디마다 잘 연결되도록 느리게 연습하고 역시 1~16마디까지를 좀 더 집중해서 연습해 봅니다. 17~31마디까지 제1바이올린과 비슷한 형태의 활이지만 음정은 다르기 때문에 실제 연주할 때 자신의 포지션을 꼼꼼히 살펴 음정 연습을 합니다.

30. 학교 가는 길

작곡 김광민

연습 톡톡! Talk Talk!

톡톡 Q&A

Q. 포르타토 활법이 무엇인가요?

A. 연주 방법을 스타카토처럼 똑똑 끊거나 레가토 활처럼 부드럽게 연결하지 않고 일정한 길이에 맞추어 활의 끝을 조금 길게 끊어주는 주법입니다. 박자를 일부러 느리게 하진 않지만 원래 박자보다 조금 느리게 느껴질 만큼 여유 있게 연주하는 주법입니다. 보통 4분음표 활에서 사용됩니다.

31. 네모의 꿈

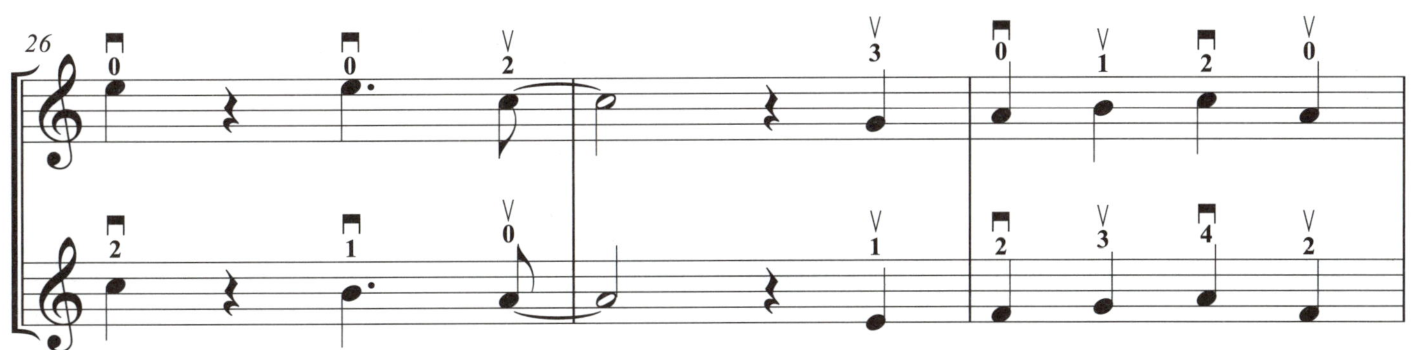

제1바이올린은 부점 리듬이 반복되는 곡입니다. 부점 앞머리에 약간의 악센트를 주어 곡의 템포가 안정적으로 유지되도록 합니다. 준비 연습 때는 운지를 짚지 않고 개방현으로 부점 연습을 충분히 한 뒤 익숙해지면 운지를 추가하여 연습합니다. **제2바이올린**은 제1바이올린의 부점이 너무 급해지지 않도록 2분음표의 박자를 꽉 채워 연습합니다. 흘러가는 멜로디의 급격함을 잡아주는 역할이기 때문에 2분음표들을 좀 더 두껍고 무거운 활의 질감으로 연주합니다. 12마디의 셋잇단음표 길이도 잘 맞추어 제1바이올린과 제2바이올린의 연주가 동시에 조화롭게 나오도록 연습합니다.

32. 창밖을 보라 & 루돌프 사슴코

작곡 루, 미첼 & 마크스

제1바이올린은 내림, 올림, 올림활이 반복되는 곡이므로 활의 길이를 간결하게 템포가 느려지지 않도록 연습하고, 17마디부터의 4분음표들은 좀 더 활 길이를 여유 있게 연주하여 풍부하고 깊은 소리가 나도록 합니다. 제2바이올린은 당김음 박자를 계속 연주하는 제1바이올린을 4분음표로 계속 잡아주어 템포가 너무 빨라지지 않도록 해야 합니다. 4분음표를 여유 있는 테누토 활로 유지하고 특히 20마디에서 부점을 유지하며 21마디로 들어가는 2분음표를 잘 연습합니다.

33. 언제나 몇 번이라도 센과 치히로의 행방불명 OST

작곡 히사이시 조

제1바이올린은 들어가는 도입부 부분의 못갖춘마디를 충분한 활 길이로 연주하고 박자가 약간 느려질 수 있는 곡이기 때문에 8분음표 슬러의 길이를 잘 조절하면서 연주합니다. 셈여림을 지키다가 박자를 놓칠 수 있기 때문에 기본적으로 박자를 정확하게 연습한 후에 음악적인 부분을 추가하여 연주합니다. **제2바이올린**은 피아노의 왼손 반주라고 생각하며 4분음표 두 개를 슬러로 연결하는 부분이 쳐지지 않도록 활을 간결하게 사용하며 3/4박자의 뉘앙스를 잘 살려 연습합니다. 4분음표들이 연달아 나오기에 활의 길이가 일관성 있도록 연주할 때 박자가 늘어지지 않고 안정된 템포가 됩니다.

34. 스승의 은혜

작곡 권길상

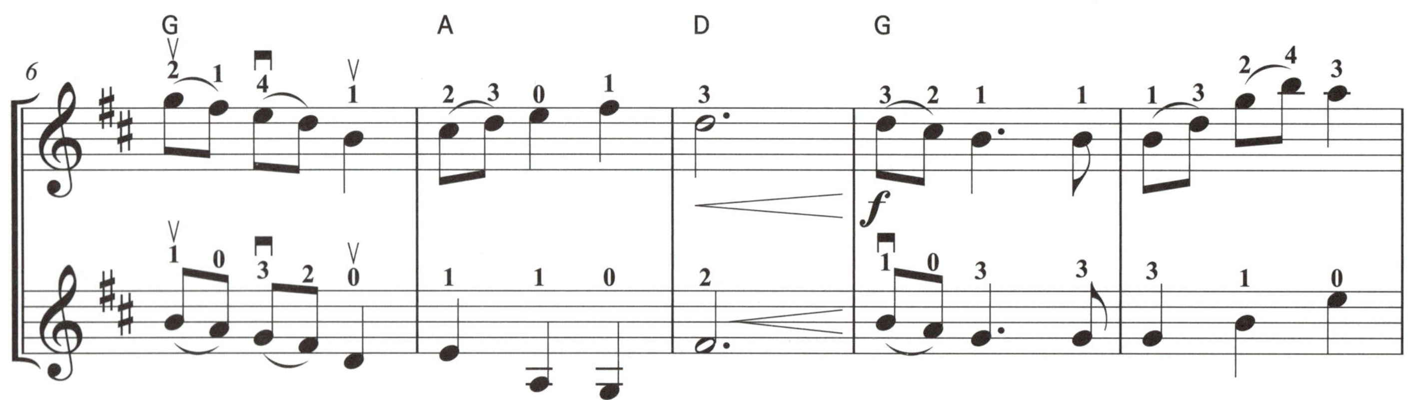

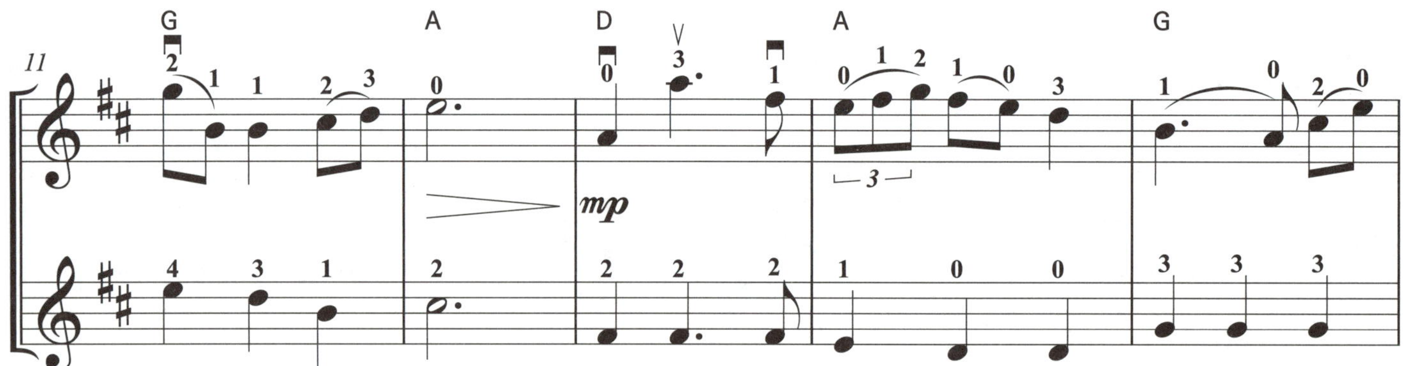

3/4 박자의 왈츠 박자 곡으로 우아하고 여유 있는 소리를 낼 수 있도록 연습합니다. **제1바이올린**은 도입 부분에 활 길이가 짧아지지 않도록 활의 중간 부분부터 가장 윗부분까지 사용하도록 합니다. 8마디부터 크레셴도 되는 부분을 잘 살리고 이어지는 부점을 안정적으로 활을 붙여 연주합니다. 원곡은 가사가 있는 곡이기 때문에 노래하듯이 풍부한 소리로 셈여림을 잘 지켜서 감성적인 부분을 잘 표현하여 연주합니다.

제2바이올린은 활 연습보다는 음정에 집중해서 연습하다가 익숙해지면 원래 빠르기로 연주해 봅니다. 특히 15마디에 제1바이올린을 풍부한 소리로 감싸듯이 연주하며 4분음표 하나하나를 천천히 씹듯이 연주합니다. 바이올린의 낮은 줄의 매력을 충분히 소리를 내는 것과 동시에 음정 하나하나를 다 소리가 나도록 활을 충분히 사용합니다.

35. O Sole Mio

작곡 디 카푸아

여유 있고, 활 충분히 빨라지지 않게

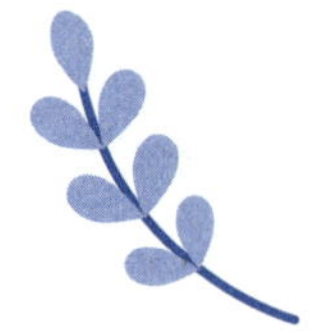

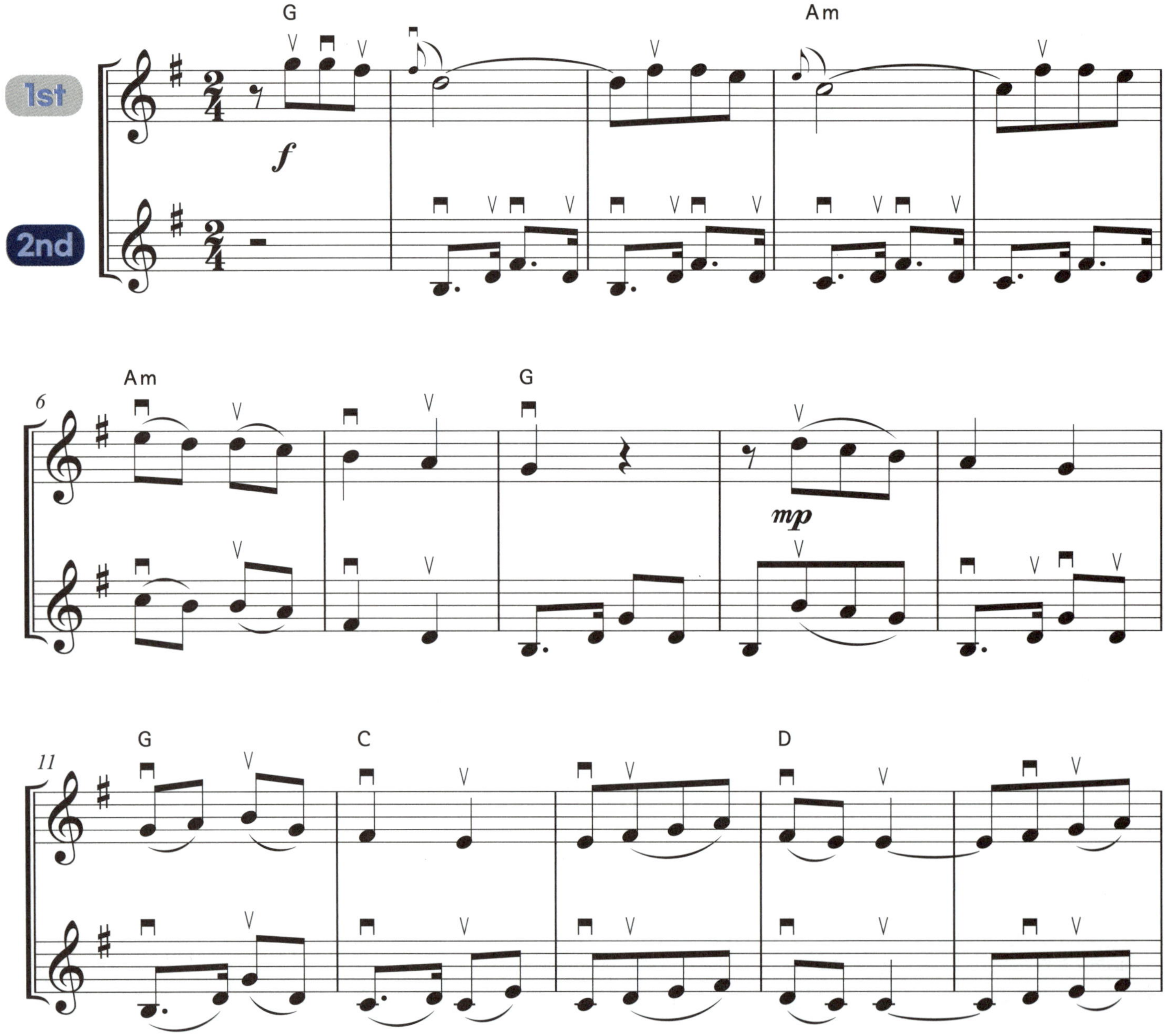

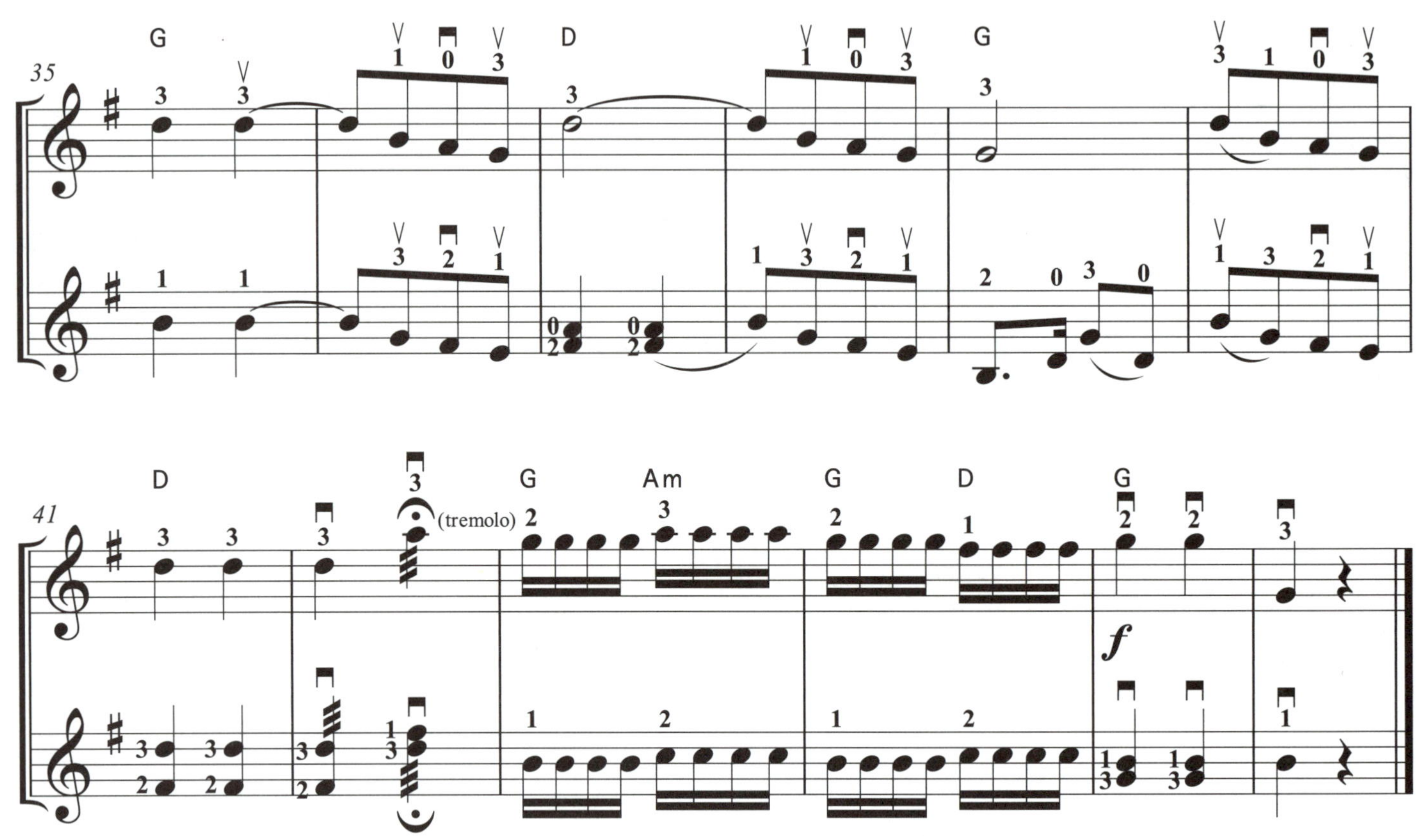

제1바이올린은 1마디부터 8마디까지 도입부를 테누토 활로 음정이 하나하나 모두 들리게 연주합니다. 9마디부터는 여리게 연주하여 대조되는 음색을 보여주고 17마디에서 다시 크레셴도로 표현합니다. 34마디의 미♭ 음정이 정확히 표현되도록 4번 손가락 음정을 주의하고 44마디의 활을 쪼개는 부분이 깔끔하게 처리되도록 일정한 길이의 활을 사용합니다. **제2바이올린**은 1마디부터 부점을 사용하기에 개방현으로 먼저 연습한 뒤 운지를 추가하여 연습합니다. 제1바이올린의 8분음표의 흐름에 밀리지 않도록 부점을 조금 강하게 연주합니다. 22마디의 이중 음은 아래 음정부터 위 음정의 순서로 천천히 연습합니다. 31마디부터 마지막 마디까지가 꽤 어려운 흐름인데, 37마디부터 8분음표를 충분한 활의 길이로 가면서 이중 음 그리고 부점으로 연결되는 부분을 천천히 연습합니다.

36. Jingle Bell Rock

작곡 빌, 부스

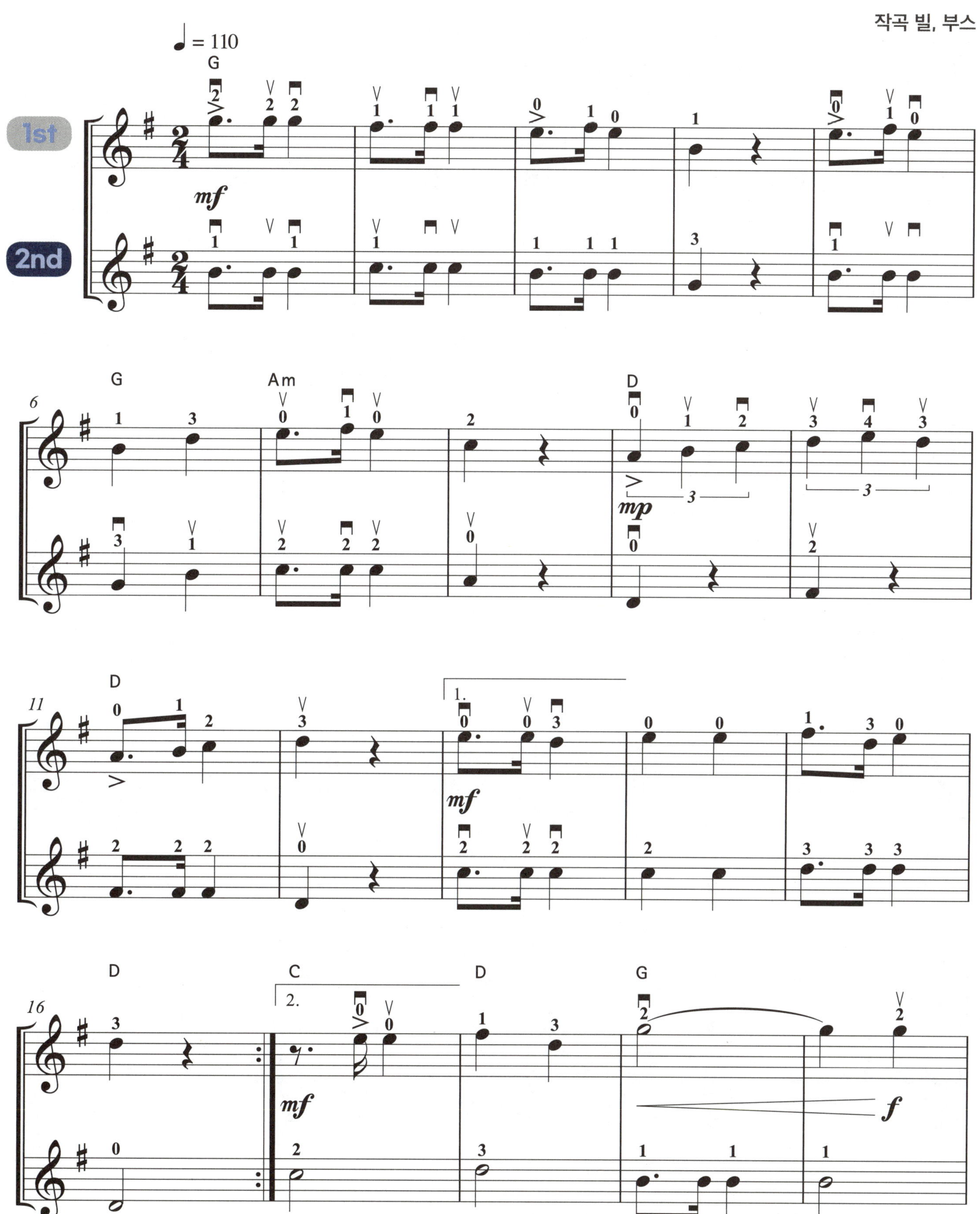

제1바이올린은 부점이 전체적인 주제 테크닉입니다. 거기에 악센트를 추가하여 흥겹게 연주합니다. 9마디의 셋잇단음표가 잘 표현되도록 활도 많이 사용하고 자신감 있게 켜는 것이 중요 포인트입니다. 부점을 켤 때 활이 비스듬한 각도로 켜지거나 미끄러질 수 있기 때문에 부점 연습의 가장 좋은 방법은 음정을 짚지 않고 먼저 개방현에서 연습하는 것입니다. **제2바이올린**은 9마디에서 4분음표와 4분쉼표를 충분한 길이로 연주해 주어 제1바이올린의 부점이 부드럽게 연결되도록 돕습니다. 21마디부터는 이중 음 연습을 충분히 합니다. 특히 46마디에서 47마디로 넘어가는 이중 음정들은 연습이 더 필요한데 미 플랫 음정을 신경 써서 짚도록 연습합니다.

연습곡 VII 1, 3 포지션 이동 음계

1, 3 포지션 이동 음계 1, 2번은 가장 기본적인 음계로 1 포지션에서 3 포지션으로 이동하는 연습입니다. 포지션을 지판 위에서 이동할 때는 손가락과 손목이 같이 움직이는 모양을 갖추게 되는데 손가락 이동 시 왼손의 손목이 뒤로 빠지거나 손가락 자체를 눕혀서 왼손바닥이 지판 아래에 지나치게 붙어서 이동하는 것은 음정이 불안해지기 쉽고 포지션 이동을 하여 하이(High) 포지션에 당도하는 것조차 어려울 수 있습니다. 왼손의 손목을 최대한 둥글게 만들면 손가락도 자연스럽게 이동할 수 있는 모양이 됩니다.

1, 3 포지션 이동 음계 3, 4, 5번은 3포지션의 고음으로 올라가기 위해 손가락들을 높은 포지션으로 이동시키는 연습입니다. 3번 연습곡에서는 5~11마디까지 부분 연습을 하여 익숙해지도록 느린 속도로 연습합니다. 4번 연습곡은 처음부터 3 포지션으로 시작하기 때문에 첫 음정을 어떻게 짚느냐에 따라서 음정의 흐름이 원활해집니다. 4마디의 4번 손가락으로 파♯ 짚는 것과 8마디에서 3번 손가락으로 미♭ 짚는 음정을 주의하여 연습합니다. 5번 연습곡은 1마디에서 2마디로 음정을 바꾸는 연습을 할 때 라 음정을 2번 손가락으로 바꾸는 부분을 천천히 연습하여 익숙해지도록 합니다.

37. 마법의 성

작곡 김광진

Cm   G   Em   Am   D
mp
Cm   G   Em   E   Am   D
mf
C   G   E   Am   D   G
f   f
C   D   E   C   D   G
mp   mp
D.S. al Coda

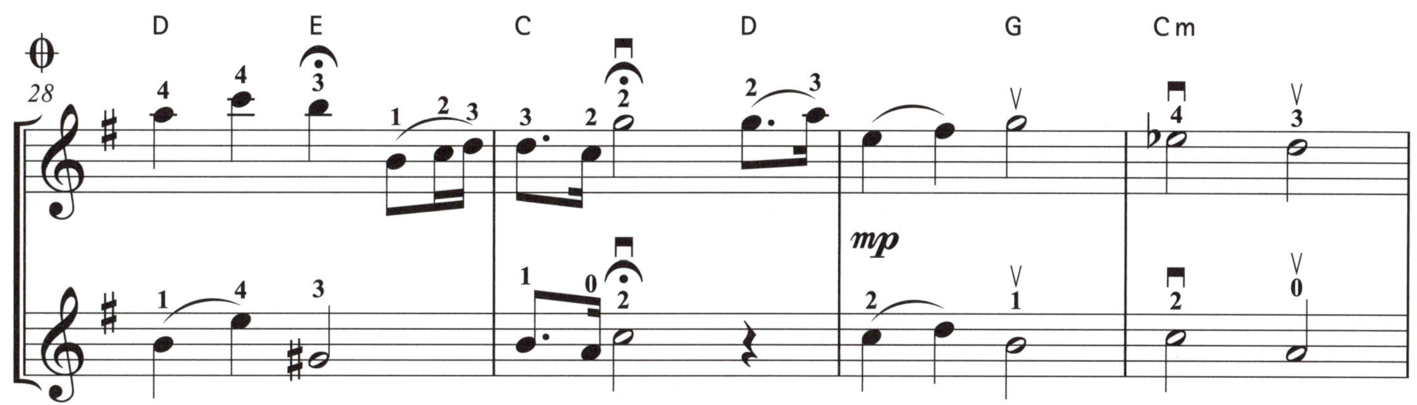

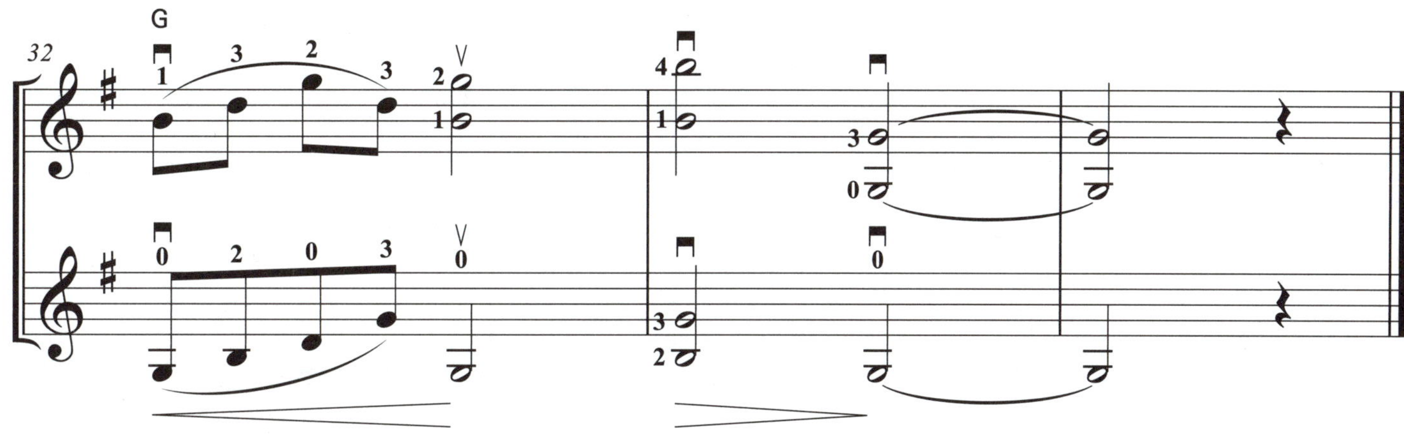

제1바이올린은 슬러로 연결되는 활의 흐름들이 너무 늘어지지 않도록 연주합니다. 부점이 나오는 부분들은 음정이 또렷이 잘 연결되도록 음정을 하나씩 잘 짚어줍니다. 연주하기 전에 원곡의 가사를 들어보면 연주의 흐름을 파악하기 좋습니다. 제2바이올린은 주로 낮은 G와 D 선에서 연주하기 때문에 활이 안쪽으로 가며 활의 무게가 아래쪽으로 쏠리면 그 무게감으로 소리가 거칠어지거나 템포가 느려질 수 있기에 이 부분에 중점을 두고 연습합니다.

38. 사명

27
F   G   Am   G   E7
Am   G   C   GM   G#dim7
Am   F   F   E7   Am
G   E   Am   G   C
mp
f
f
4/4

제1바이올린의 도입부는 곡의 전주에 해당하기 때문에 여유 있고 충분한 활쓰기로 연주합니다. 특히 4번 손가락이 표시된 음정들은 손가락 번호를 지켜줍니다. 38마디부터는 3 포지션에 해당하는 부분이기 때문에 1 포지션에서 3 포지션으로 부드럽게 이동하는 부분을 먼저 연습하고 악보대로 연습합니다. **제2바이올린**은 제1바이올린의 선율을 받쳐주는 역할로써 마치 피아노의 왼손과 같은 역할을 합니다. 이 곡에서도 제2바이올린이 낮은 음역대를 담당하고 있는데 음정 연습에 조금 더 귀를 기울입니다.

39. 왈츠 2번

작곡 쇼스타코비치

C
Fm
E♭m
B♭
E♭m
E♭m
B♭
B♭m
E♭m
Fm
E♭
B♭
E♭
A♭
f
mp a tempo

제1바이올린의 도입부부터 23마디까지가 이 곡의 주 멜로디입니다. 조금 여리게 시작하여 갑자기 소리가 너무 커지지 않도록 16마디까지 유지하다가 17마디에서 포지션이 이동되면서 조금 커지는데 16마디 2번 손가락에서 17마디 4번 손가락으로 쉬프팅(Shifting)할 때 음정의 변화를 잘 연습합니다. 음정이나 활쓰기가 까다로운 곳 85마디부터 101마디까지도 주의하여 연습합니다. **제2바이올린**은 1마디부터 16마디까지 4분음표 슬러를 부드럽게 연주하면서 소리가 너무 빨리 커지지 않도록 활의 볼륨 조절이 필요합니다. 17마디부터는 8분음표로 쪼개지는 부분을 충분한 활 길이로 연습하면서 역시 음정 체크 부분에 비중을 두고 연습합니다. 37마디부터는 42마디까지의 이중 음은 특히 미b(악보 기호 사용) 음정을 주의하고 연습합니다.

40. 하나님은 너를 지키시는 자

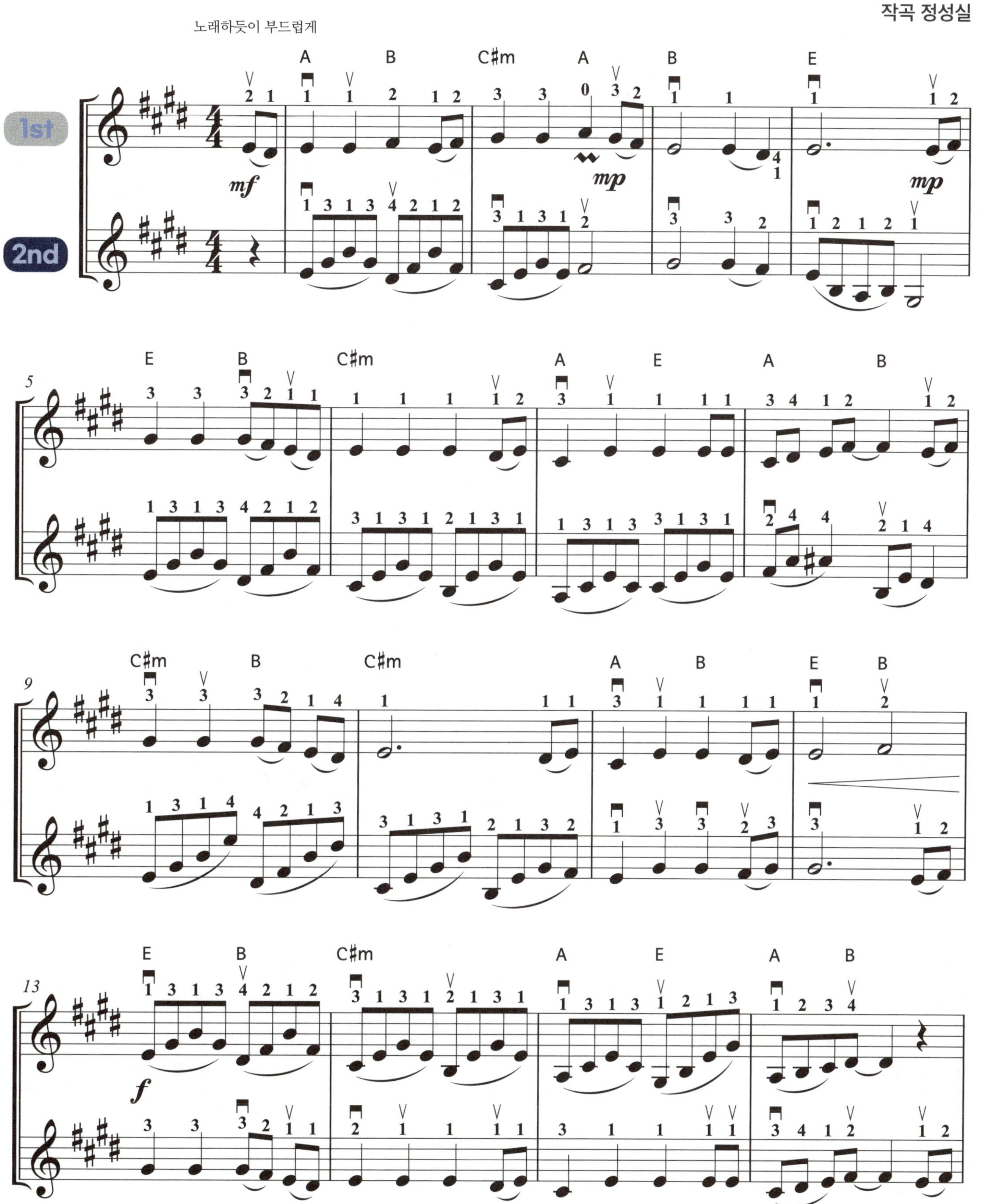

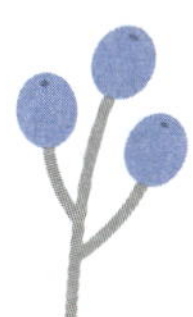

제1바이올린은 이 곡의 조성인 E major 음계 연습을 해 보는 것이 매우 도움이 됩니다. 28마디 마지막 박자부터 시작되는 3 포지션 연습을 천천히 반복합니다. 32~35마디까지의 크레센도와 데크레센도는 이 곡의 마무리를 잘 살려주기 때문에 잘 지켜서 연주합니다. 제2바이올린은 1마디부터 시작되는 8분음표 슬러를 한 음정씩 너무 뚜렷하게 소리를 내는 것보다는 레가토 슬러로 부드럽게 연결하여 제1바이올린이 돋보이도록 연주합니다. 12마디부터는 이 곡의 주선율을 받아 연주하기 때문에 소리가 더욱 드러나도록 충분한 길이로 활을 사용합니다. 26마디는 마지막 박자의 16분음표 슬러가 너무 조급해지지 않도록 약간 눌러서 활을 사용하면 속도 조절이 잘 됩니다.

41. 도나우강의 잔물결

작곡 이바노비치

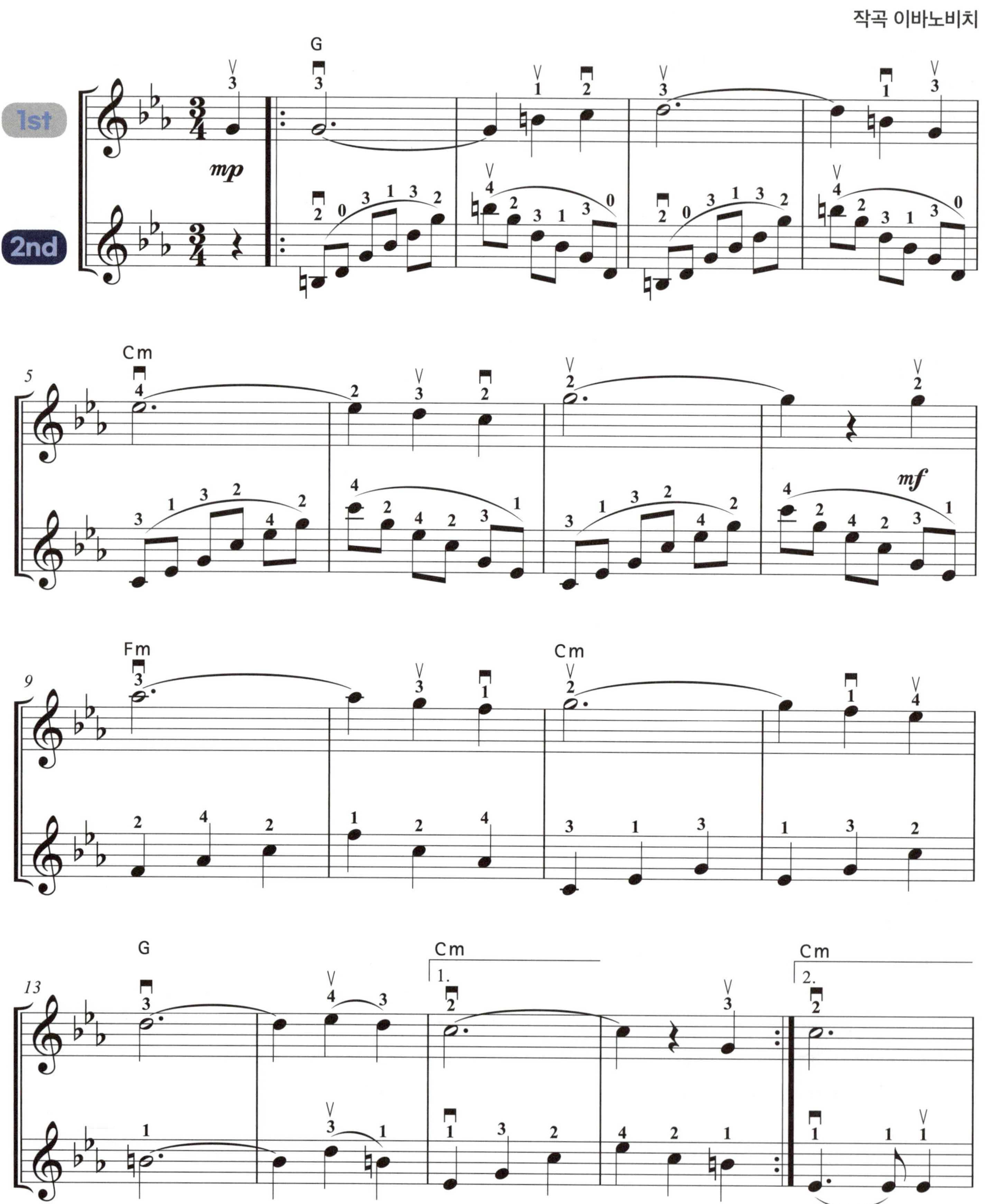

Bbm
Abm
Gm
Fm
Ebm
B
B
Cm
Abm
Fm
G
Cm
Cm
mf
mf
1.
2.

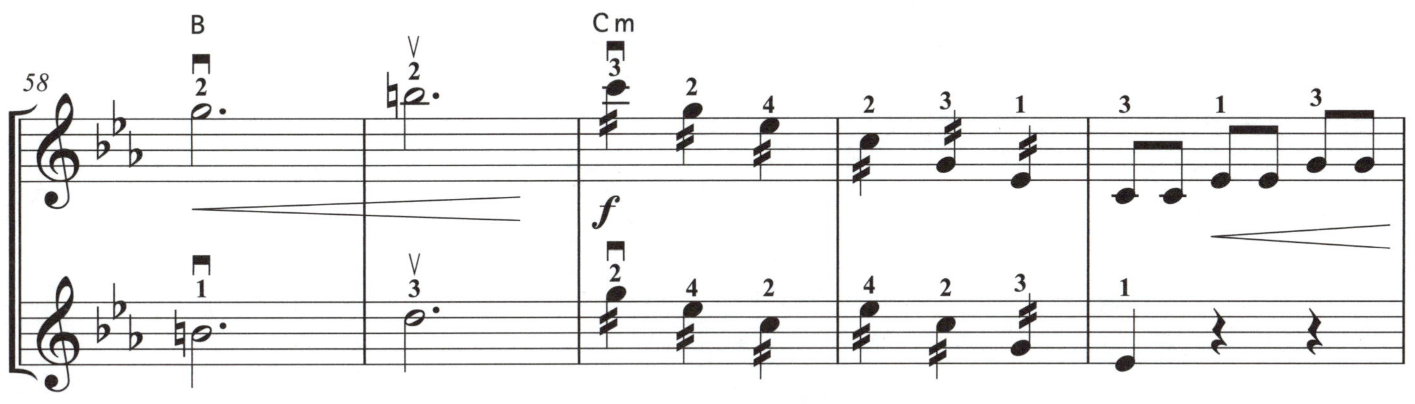

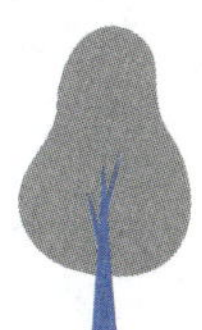

제1바이올린은 1~17마디까지의 점2분음표와 4분음표의 붙임줄 4박자를 완전히 채워 연주합니다. 전체적으로 레가토 활로 부드럽게 연결해 가다가 19마디부터 8분음표와 8분쉼표를 정확히 연주하여 박자가 밀리지 않도록 합니다. 19마디부터 30마디까지는 반복 연습 구간으로 잡고 천천히 연습해 봅니다. **제2바이올린**은 1~8마디까지 6개의 8분음표를 슬러로 연결하다 보니 음정이 잘 들리지 않고 약한 소리로 흘러가는 경우가 있습니다. 한 음정씩 잘 들리도록 슬러를 떼고 천천히 음정만을 연습합니다. 28마디는 화음 들어가는 음정 자리를 짚다가 박자를 놓칠 수 있기 때문에 먼저 느린 템포로 한 음정씩 연습해 봅니다.

부록

Tip! 악기 고를 때 유의사항

〈바이올린〉

바이올린을 고를 때는 반드시 자신의 신장과 팔 길이에 따라 맞는 사이즈를 고르는 것이 중요합니다. 또한 온라인 구매도 좋은 점이 많지만 가능하다면 실제 악기를 만져보고, 배우려는 사람이 직접 어깨에 올려보고 무게를 실제 느껴 보면서 전문 악기 판매자의 가이드를 받으면 안전하게 악기를 고를 수 있습니다.

〈활〉

활을 단순한 바이올린의 한 부품으로 생각할 수 있지만 활은 독립적인 중요한 도구입니다. 활대의 튼튼함과 활 털의 촘촘함이 연주를 할 때 큰 영향을 주기 때문에 꼼꼼한 체크가 필요합니다. 특히 온라인 구매의 경우 실제로 활을 만져보지 못하고 구매하기 때문에 정확한 체크가 필요합니다. 활의 탄력성이나 활대 끝(활 털이 촘촘히 박혀 있는 부분)의 마무리가 잘 되어 있지 않으면 활 털이 쉽게 빠지고 심지어는 부품이 움직여서 활 털이 몽땅 다 빠지는 경우도 발생합니다. 활 털이 촘촘하게 마감되어 있는지 활 아래 부분의 조이는 나사의 부분도 잘 체크해야 합니다.

〈악기 사이즈 참고표〉

사이즈	1/4	1/2	3/4	4/4
팔길이(cm)	48~52	53~56	57~60	60 이상
키(cm)	115~125	125~135	135~145	145 이상
연령	5~7세	7~9세	9~11세	11세 이상

Tip! 도형으로 악보를 읽는 방법

바이올린 네 줄에 있는 음정들을 모두 구분하며 연주하는 것은 생각보다 까다로운 작업입니다. 좁은 5선 사이에 있는 음표들을 음정과 박자까지 계산하며 연주해야 하기 때문입니다. 일반 글자를 읽는 것과는 좀 다르므로 악보 읽기가 어려운 학생들을 위해서 아주 작은 팁을 알려 드립니다.

① 미, 라, 레, 솔, 네 줄에 맞는 도형을 설정합니다. 예) 미=세모, 라=동그라미, 레=네모, 솔=오각형
② 줄 이름을 혼동하는 학생들에게 기초 악보에서부터 직접 줄 이름을 인지하기 위해 스스로 간단한 악보 안에 있는 음정에 도형을 그려 넣어서 연주를 시도하게 합니다.
③ 스스로가 주도적으로 도형 안에 있는 음정들을 계속 체크하여 익히도록 악보 보는 시간을 따로 할애하는 것이 좋습니다.

발행일 2025년 8월 20일

저자 김연경
발행인 최우진
편집 김은주
디자인 김세린

발행처 그래서음악(somusic)
출판등록 2020년 6월 11일 제 2020-000060호
주소 경기도 성남시 분당구 정자일로 177
이메일 book@somusic.co.kr

ISBN 979-11-93978-92-4 (93670)